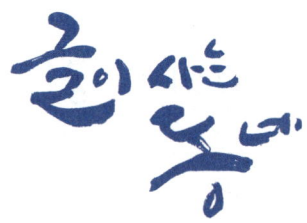

도서
출판 **도솔**

추천사

책의 탄생

내가 태어난 곳은 평평한 지면인데 사람들이 종이라고 부르는 곳이다. 그곳에는 많은 형제들이 살고 있는데 통칭해서 글자라고 부른다. 먼 친척으로 부호라는 분들이 있고, 최고 지도자층은 글이라 불리우고 최종점은 책이라는 직위다.

책이 하는 역할은 나와 다양한 사람들을 살피고 세세하게 기록하며 길을 만들고 동네를 이루게 하는 것이다. 책이라는 직위가 인정받는 조건은 제목을 잘 정하고 목차를 이음새 있게 만들어 연결시키고, 그 속의 생활상을 찬찬히 나열하며 진위여부를 설명하고 뒤에서 살아가는 사람들에게 생각할 수 있는 우물을 만들어 함께 길으며 나누게 하는 것이다.

책은 책책이 쌓이며 더 여러 곳에서 우물을 만들고 그 물을 마신 사람들은 각자의 내를 이루어 물길을 만들고 강을 이룬다.
  세월이 흘러 먼 시간이 지나니 큰 물이 된다.
  영구한 모습에 뭇사람들은 다 받는다는 의미로 바다라 한다.
  결국 켜켜이 쌓아 다진 책의 책책이 바다를 이룬다.
  그 항해에서 너는 너를 발견하고 나는 나를 발견한다.
  책의 탄생은 이렇게 모두를 탄생시키는 바다다.

김대성 (김대성스피치연구소)

차례

최수련 / 이해받고 싶은 마음

11 딱 십분만..
23 이해받고 싶은 마음
27 신참과 고참
33 내 몸을 살리자
42 나만의 독서법 만들기

최금자 / 자연이 건네는 지혜

51 안개에서 찾다
55 익숙함의 불편

박은영 / 글 쓰는 엄마와 그림 그리는 아이

- 61 　토토가 된 시언이
- 68 　인싸가 되고 싶은 아이
- 74 　이모 보고 싶다.
- 82 　엄마 몇 살이야 2
- 90 　내 자식은 나나 애쁘지
- 95 　변신! 고양이 도도
- 102 　책을 좋아하는 아이

이종한 / 쉬어가는 시간

- 109 　쉬어가는 시간
- 118 　최소한의 권리를 위하여

강영숙 / 사랑의 콩깍지

    129   사랑의 콩깍지
    137   쉼표
    142   구멍이 뻥뻥
    150   딱딱 맞추고 싶다. 박자를
    157   끄덕끄덕

정선영 / 변신 이야기

    167   보험구미호 변신 이야기

최수미 / ……너의 꽃을 피우는 때가 있다.

  175 멈춤은 한 발짝 나아가기 위한 쉼표다
  180 망설이지 말고 도전 해 봐
  186 블루베리 찜질방
  191 엄마, 막창에 소주 한 잔 어때?
  197 지속하고 싶다면 자연스러워야 한다

고동주 / 돌도 수석이 될 수 있다.

  207 나에게 글이란
  214 계단과 엘리베이터

박성철 / 첫 잔의 찌릿함

- 223 내가 글을 쓰는 이유?
- 226 쿠션
- 232 목표는 소주처럼
- 238 오빠
- 246 마음가짐(태도)

손민경 / 다섯 번째 계절

- 255 제대로 흘러갈 수 있을까?
- 262 왕년에, 정말 잘 나갔을까?
- 272 검은콩 한 알
- 279 여행은 기다림이다.
- 287 다섯 번째 계절

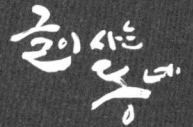

이해받고 싶은 마음

내가 맞닥뜨린 환경에서
자신만의 경험을 쌓아 간다는 것은
곧 자신만의 고유한 탑을 만들어 가는 것이다.
멋지게, 똑같이 쌓아 올린 탑보다
고유하고 유일무이한 소담한 탑이
누가 보아도 아름다울 것이다.
밤하늘에 빛나는 별처럼..
(본문 중에서)

최수련

어릴 적 동네 어귀에 고목이된 큰 배나무가 있었다. 동네 사람들은 늘 그 배나무 밑을 지나다녔다. 때로는 쉼터였고, 비 오는 날의 피난처였고, 아이들의 놀이터였다. 배나무는 말하지 않았지만, 마을의 중심이었다. 우리는 인생의 여행자. 여행은 즐겁기도 하지만 때로는 피로에 지치기도 한다. 하지만 빼놓을 수 없는 것이 인증샷이다. 삶의 인증샷은 무엇일까. 아마도 자신의 삶이 담겨 있는 글쓰기가 아닐까 생각해 본다. 삶의 흔적을 남기는 글쓰기는 삶의 중심이 되기 때문이다.

최수련

딱 십분만..
이해받고 싶은 마음
신참과 고참
내 몸을 살리자
나만의 독서법 만들기

딱 십분만..

계절이 빠르게 지나가고 있다. 봄의 싱그러움도 벌써 짙어지기 시작하는 걸 보면 이제 곧 여름이 오려나 보다. 시간이 텀벙텀벙 헛발질을 한 탓일까. 젊음의 기억은 엊그제인데 벌써 중년을 훌쩍 넘기고 있다. 이렇게 계절의 변화를 느낄 때면 우리는 늘 기억의 향기 속에 머물게 된다.

우당탕 퉁탕, 시끌벅적 그리고 창문에 비추어진 뿌연 먼지들..

낯선 중학교에 입학한 지도 벌써 두세 달이 지났다. 수업이 끝나면 10분이 아까울세라 쉬는 시간에는 너나 할 것 없이 교실을 시장통으로 만들어 버린다. 아마 5일 장에 버금갈 정도로 시끌벅적했던 것 같다. 이제 단짝 친구도 생기고 60여 명이 넘는 대부분이 급우 친구들과 같은 소속감과 연대감으로 중학교 1학년이 무르익어 가고 있다.

시골 초등학교를 졸업하고 난생처음 자취 생활을 하게 되었다. 내가 사는 시골은 읍내를 중심으로 저 멀리 골골이 작은 촌들이 모여 있는 곳이다. 이 때문에 상급학교에 진학하게 되면 먼 시골에서 초등학교에 다니는 친구들은 대부분 읍내로 나와 자취 생활을 하게 된다. 모처럼 부모님을 떠나 난생처음 느껴보는 자유로움과 해방감이 무엇보다 신났다. 물론 꽉 찬 수업이 좀 버겁기는 하지만 방과 후는 그 누구의 방해도 받지 않는 나만의 시간을 가질 수 있다는 것이 너무 좋았다. 아마 엄한 유교적 교육환경에서 오는 아버님의 억압에서 벗어날 수 있어서 더욱 그랬을 것이다.

오늘도 나는 새로 산 전기밥솥에 새하얀 쌀밥과 지난 주말 집에서 갖고 온 밑반찬, 그리고 이제 제법 능숙해져 가는 김치찌개를 곁들여 후다닥 아침밥을 먹고 학교로 향한다. 가는 동안은 어김없이 친구들을 만나게 되고 지난 밤사이 있었던 온갖 화젯거리로 시간 가는 줄 모르고 등교를 한다.

읍내에 사는 친구들이 밤사이 있었던 이야기를 풀어 놓으면 꼬리에 꼬리를 물고 이야기는 흥미를 더해간다. 북한이 곧 쳐들어올지도 모른다는 등, 미국이 우리를 돕지 않으면 어떨까.라는 등, 그중 단연 흥미로운 것은 어느 유명 연예인의 삼각관계로 인해 어떻게 저럴 수가 있지 라며 받는 마음의 상처일 것이다. 중학교의 하루는 학업과 화젯거리가 많아서 바쁘게 지나간다.

이제 6교시를 마치고 마지막 자율수업 한 시간을 하면 자유로운 몸이 된다. 수업 종소리가 울리고 드르륵 미닫이문이 요란스럽게 열린다. 엄하기로 소문난 체육 선생님이자 지도부장 선생님이 등장한 것이다.

첫 마디가 "오늘 이 시간은 용의검사와 신체검사를 한다. 반장! 신체검사 기구 가져와!!"이다

으레 있는 일이다. 거의 한 주에 한 번씩 마지막 시간을 이용하여 용의 검사라는 이름으로 손톱 검사, 머리 검사, 배 검사 등을 한다. 시골 학교인지라 손, 발 그리고 배꼽부위와 옆구리 등에 지도처럼 때들이 그려져 있기 때문이다. 수치심이 드러나

는 시간이기도 하지만 친구들을 바라보며 코미디를 보듯 재미있는 시간이기도 하다. 손톱에 낀 때를 안 보이려 손가락을 오므리는 친구와 그 모습을 보고 작은 회초리를 날리며 똑바로 펴라는 선생님. 그리고 그 손으로 밥은 어떻게 먹냐!라며 야단치는 선생님의 호통에 여기저기서 키득거리는 모습을 보게 된다. 또 어떤 친구는 옆구리가 벌겋다. 옆구리의 때를 지우기 위해 침으로 정신없이 문지른 탓이다. 이놈아! 목욕 좀 해라! 집에 물이 없냐!에 또 우리는 한바탕 웃음을 짓게 된다. 나름 용의 검사 시간은 볼거리가 풍성한 재밌는 시간이다.

그런데 오늘은 신체검사까지 해야 한다. 중학교에 들어와 두세 번째로 하는 검사다.
별일 없이 손톱을 확인하고 배꼽에 때가 있을지 약간 긴장했지만 그리 걱정할 수준은 아니다. 키 검사, 앉은키 검사, 가슴둘레, 그리고 용의 검사 마지막으로 몸무게를 재고 끝이 난다.

1번부터 시작! 누가 봐도 쬐그만 녀석이다. 옆 친구랑 이러쿵저러쿵 쬐그마하다고 뒷담화를 까는 사이 앉은키 검사를 마치고 용의 검사를 받기 위해 선생님 앞으로 갔다.

선생님 왈.
"오늘 몸무게는 정확해야 하기 때문에 바지도 벗고 웃통도 벗어라."라고 호통 아닌 호통을 치신다. 쭈빗쭈빗 마지못해 옷을 벗고 용의 검사를 하고 얼굴이 벌게져서 몸무게를 재고 쑥스러움에 자리로 돌아간다.

아뿔싸 이게 웬일인가!
아찔한 생각이 머리를 스쳐 지나간다. 그리고는 가슴이 콩닥거리기 시작한다.
온갖 생각들이 한순간에 물밀듯이 몰려온다.

"그래 지금 나는 노팬티다."

이 무슨 해괴망측한 순간이란 말인가.
아침밥 잘 먹고 즐겁게 등교하고 이제 마무리해야 할 시간인데.. 무슨 죄인이 된 것처럼 한없이 움츠러들기 시작한다. 그리고 한꺼번에 수많은 생각들이 교차한다.

왜 하필이면 오늘 신체검사야!
아니 왜 바지를 벗고 해야 되는데..!

웃통만 벗으면 안 될까?
어쩌자고 팬티를 입지 않았을까?

받아들이기 싫은 이 상황을 피할 온갖 생각들이 떠오르며 빨리 시간을 되돌리고 싶은 마음뿐이다.

이어서 맞닥뜨릴 상황을 생각하며 선생님 앞으로 다가가서 '저.. 팬티 안 입었는데요.'라고 했을 때 몰아닥칠 수치심을 생각하니 얼굴이 벌써부터 화끈거린다. 도저히 입에 담지 못할 말이다. 친구들 모두 얼마나 웃어댈까. 그뿐이랴, 남녀 공학에 고등학교까지 함께 있는 이곳은 삽시간에 전교생으로 퍼질 것이 뻔한데 무슨 낯으로 등하교를 한단 말인가. 우리 학교는 읍내서 강 하나를 사이에 두고 있다. 그래서 등하굣길은 모두가 하나 같이 다리 하나를 두고 넘나들며 마주쳐야 한다. 너무나 암울하다. 도저히 빠져나갈 틈이 없다. 손가락을 만지작거리며 안절부절못하는 초조감이 몰려왔다.

시간은 더디게 흐르고 있다. 내가 바랄 수 있는 것은 최대한 빨리 지나가서 내 순번까지 오기 전에 마무리 종소리가 울리는 것이다. 47번인 내가 바랄 수 있는 것은 그나마 뒷번호여서 시간을 끌면 위기를 모면할 행운이 행여나 찾아올 수 있지 않을까를 기대하는 것이다. 한명 한명 무슨 죄수인 양 고개를 숙이고 하나같이 똑같은 백양 메리야스 흰 팬티를 입고 꾸물꾸물 대며 몸무게를 재고 돌아온다. 한 명이 마칠 때마다 시계의 초침과 순번을 번갈아 확인해 본다. 시계가 너무 더디게 간다. 그나마 마친 녀석들은 얼굴에 화색이 돌고 선생님이 때 좀 씻으라는 핀잔과 호통에 키득거리며 웃어댄다. 이젠 그런 모습들이 나의 안중엔 들어오지도 않는다.

그토록.. 그토록.. 시간이 빨리 지나가기를 바랬건만.. 하늘은 내 편이 아닌 모양이다.

이제 곧 내 순번이 돌아온다. 시간을 보니 4시 40분을 지나고 있다. 나를 포함해 몇 명은 더 할 수 있는 시간이다. 이제 10분 후면 수업을 마치는데 기회는 사라진 것 같은 암울함이 찾아온다. 슬슬 준비하러 가야 하는데 발걸음이 너무 무겁다 못해 떨리기도 한다. 교탁 앞으로 나가니 먼저 나간 친구 3명이 검사를 받고 있다.

이제 나의 머릿속에는 어떻게 선생님께 친구에게 들키지 않게 살짝 이야기하고 위기를 모면할까.로 바뀌었다.

'선생님 저 팬티 안 입고 왔어요.'
도저히 입이 안 떨어질 말이다.
'선생님 저 바지만 입고 왔어요.'
조금 덜한 표현이지만 웃음 꼴이 되는 건 마찬가지다.

그래도 후자에 무게가 실린다. 선생님에게만 살짝 이야기하면 행여나 눈치채시고 바지를 입은 채 몸무게를 재라는 허락이 떨어질지도 모른다는 생각이 들어서이다. 그렇게 행운 아닌 행운을 바라며 마음을 굳히고 발걸음을 옮긴다.

두 번째 앞에 있는 친구가 앉은키를 재고 선생님 앞에 서서 묵묵히 있다. 나도 키를 재기 위해 준비 중이었다.

선생님이 러닝셔츠를 벗으라고 앞선 친구에게 말한다.
그런데 웬일일까. 그 친구는 묵묵부답이다. 고개를 숙이고 말없이 서 있다. 잠시 침묵의 시간이 지나고 다시 선생님이 성난 목소리로 호통을 치신다.

빨리 벗어!

그동안 여러 명과 씨름한 탓에 어지간히 선생님도 화가 올라와 있는 상태다. 그래도 친구는 고개만 숙이고 있다. 성질 급한 지도부장 선생님이 벌컥 화를 낸다.

'왜 안 벗어 임마!'

그리고는 짧은 머리채를 잡고는 흔들어 댄다.

'선생님 말이 말 같지 않아!'

'멀쩡하게 생긴 놈이 왜 이렇게 말을 안 들어.'

'빨리 벗으란 말야!!'

친구는 꿈쩍도 하지 않는다. 귀를 잡고 흔들고, 러닝셔츠가 늘어나도록 친구를 잡고 뒤흔들어 댄다. 그래도 꼼짝하지 않는 친구의 망부석 같은 행동과 극도로 성난 선생님의 노기 띤 얼굴 때문에 공포의 시간이 교실을 휘감는다. 침묵이 흐르고 정적만이 낮게 드리운다.

그런데 그런 모습을 지켜보는 나의 마음에는 어떤 희망이 돋기 시작한다. 무엇보다도 응원의 메시지가 본능처럼 튀어나온 것이다.

'아 다행이다!'
'그래 조금만 더 버텨! 조금만 더 버티면 돼! 계속 그렇게 버텨 줘!'

친구의 모습이 무슨 대단한 영웅처럼 보였다. 이 돌발적인 상황이 갑자기 펼쳐지다니 이루 말할 수 없는 안도감이 밀려온다.

내겐 그 친구의 이유가 중요하지 않다. 지금 그대로 버텨주기만 하면 되는 것이다. 1분 1분이 지나갈수록 그 암울했던 마음에 희망의 빛이 보이는 듯했다. 아마 나는 그때 환호를 부르고 있었을 것이다. 시계와 친구를 번갈아 보며 너무나 간절히 친구를 응원했다.

드디어 기다리고 기다리던 종소리가 울린다.
성난 선생님이 '내일 다시 한다!'라며 벌컥 화를 내며 인사도 안 받은 채 문을 쾅! 닫고 나가버린다. 안도의 숨이 가슴을 쓸어 내려간다. 나의 우상 같은 그 친구는 얼굴이 벌게져서 제자리로 돌아간다. 나는 내색은 안 했지만 환희에 찬 마음으로 자리에 당당하게 돌아왔다. 그 암울했던 1시간의 터널이 지나가고 움츠려 있던 팔다리가 풀리며 평온함과 개운함이 밀려온다.

'아! 살았다!' 내가 할 수 있는 단 한마디다.
그 모든 망상에서 벗어날 수 있는 순간이다.

종례를 마치고 교문을 나선다. 기울어 가는 햇살이 교문 앞에 길게 드리운다. 시원한 바람이 발걸음을 가볍게 한다. 초록의 나뭇잎, 신작로를 달리는 버스와 뿌연 먼지, 구멍가게의 떡볶이 모두가 제 모습이다. 이제 다시 나는 원래의 나로 돌아오고 있었다. 혼자만의 환호를 지르며 말이다.

아 살아 있구나!

그 후로 나는 무척 모범생이 되었다. 지켜야 할 것은 꼭 지켜야 한다는 것을..
그날의 노팬티 브라더스 사건은 나를 한 뼘 성숙하게 했다. 어른이 되면 지켜야 할 것이 참 많다는 것을 깨닫게 되기도 했다. 그렇게 나의 청춘이 차곡차곡 쌓여 여물어 가고 있었다.

영원한 비밀로 간직하고자 했던 기억이 계절의 변화 속에서 고개를 불쑥 내민다. 무슨 이유일까?

  우리는 끝을 알 수 없는 힘든 현실을 잡고 늘 괴로워한다. 그리고 그것이 추억이라는 보석으로 쌓여가고 있음을 모른다. 그 추억이 쌓이고 쌓여 거름더미 속의 진주로 변해가고 있음을 시간이 훌쩍 지난 후에야 알게 된다. 초록이 무르익어 가는 지금 아직도 나의 청춘은 진행 중이고 무르익어 가고 있다.

이해받고 싶은 마음

자신의 입장을 이해해주는 사람이 옆에 있으면 마음 편안하고 든든하며 기분이 좋아진다. 그런 사람과 함께 하고 싶은 마음이 우리의 바램이다. 자신의 행동이 틀렸거나 잘못되었음을 알면서도 이해해주기를 바라는 것을 보면 우리의 내면에는 자기중심적인 생각이 무엇보다도 강하게 자리 잡은 것이 아닐까 생각해 본다.

교도소에 입소한 재소자가 자신의 잘못을 해명하기 위해 목소리 높이는 것도 그렇고 미팅에 지각한 친구가 자신의 처지를 이해해달라고 이런저런 이유를 늘어놓는 것도 마찬가지이다. 이해를 바라는 상황은 늘 우리 주변에 일어난다. 가족과의 관계, 친구와의 관계, 사회생활의 관계에서 다양한 모습으로 나타난다.

그런 상황을 잘 살펴보면 자신 스스로 만족하지 못한 결과가 만들어졌거나 타인에게 지탄받을 만한 일이 일어났을 때 더 크게 일어남을 볼 수 있다. 실수이든 잘못이든 그 상황을 회피하고픈 마음과 그럴 수밖에 없었음을 인정받고 싶은 마음이 자리 잡고 있어서일 것이다.

나 좀 실수했지만 그런 모습을 인정해 줘, 잘못했지만 되돌릴 수 없는 그 상황을 인정해 줘.라는 바램이 포함되어 있다.

인정받고 싶은 것이 이유라면 원인은 다음과 같은 것이 아닐까 생각해 본다. 인간은 완전하지 못한 존재이다. 그렇기 때문에 태어나서 죽는 그날까지 배워야 하는 것이 우리의 삶이다. 숱한 시행착오를 반복할 것이고 실수는 그림자처럼 늘 따라다니게 마련이다. 누군가 나에게 완전하냐고 물으면 지레 움츠러들며 한 발 뒤로 물러나는 기분이 든다. 내가 과연 그럴 수 있을까. 그런 존재가 될 수 있을까.라는 의문에 선 뜻 답할 자신이 없기 때문이다. 이렇게 완전하지 못한 것이 첫 번째 원인일 것이다.

우리는 미래를 살아본 경험이 없다. 누구나 똑같이 정해져 있지 않은 미래를 향해 나아가고 있다. 느닷없이 사랑하는 사람이 헤어지자고 할 수도 있고, 갑자기 예상치 못한 소나기가 쏟아져 흠뻑 젖을 수도 있다. 어느 날 먹거리가 떨어져 배고픔에 허락 없이 남의 음식을 먹을 때도 있을 것이다. 예상치 못한 상황에 늘 직면해 있는 것이 우리의 삶이며 그렇다 보니 본의 아니게 실수도 하게 되고 잘못된 결과를 초래하기도 한다. 이런 정해져 있지 않은 미래로 인해 나타나는 결과가 두 번째 원인일 것이다.

불완전함과 정해져 있지 않은 미래, 두 가지 원인으로 인해 결과는 늘 만족스럽지 못한 쪽으로 흘러가고 그것들이 후회와 상처를 가져다준다. 그런 후회와 상처에 벗어나고픈 것이 우리의 모습이며, 돌이킬 수 없는 현실을 인정받음으로써 마음에 위안을 얻고 싶은 것이 이해받고 싶은 마음일 것이다.

이해받고 싶은 마음은 너무나 당연하고 또 자연스러운 현상일 수 있다. 하지만 그것이 자신의 현실을 합리화만 하는 쪽으로 흘러가면 삶의 변화와 성장에 장애물로 작용할 수도 있을 것이다. 중요한 것은 이해받고자 하는 마음의 목적이 무엇인지 알아야 하는 것이다. 그것은 아마도 지금보다 더 나은 자신으로 거듭난 성숙된 모습일 것이다. 현재의 모습 그대로를 인정받고 그것이 동기부여가 되어 새롭게 시도하는 과정속에 좀 더 성숙하고 완전해지고자 하는 목적이 있어야 하는 것이다.

이렇게 좀 더 나아지고 거듭나는 순환의 관계에서 꼭 필요한 것이 있다면 성찰과 탐구일 것이다. 단순히 이해만 바란다면 순간적인 마음의 평화는 얻을지 몰라도 더 이상의 발전된 자신은 있을 수 없다. 왜 그런 마음이 들었는지, 무엇을 얻고자 한 것인지, 지금 이후에 무엇을 어떻게 해야 할지를 성찰하고 탐구하는 과정을 거친다면 그 자체가 동기부여가 되어 거듭나는 선순환의 과정으로 이어질 것이다. 눈덩이가 구르면 구를수록 커지듯 성찰과 탐구의 순환은 더 큰 자신으로 이끌어 줄 것이다. 구르고 구르다 보면 우주를 품을 만큼 커진 자신을 발견하게 될지도 모른다.

이해받고 싶은 마음! 어쩌면 나 자신이 더 성숙되고 완전해지고 싶은 또 다른 마음의 표현은 아닐는지 생각해 본다.

신참과 고참

큰 기대를 품고 갓 입사한 신입사원을 보면 신선함이 엿보여 함께 할 수 있음에 큰 기대를 하게 된다. 열정과 자신감을 가지고 부지런히 이것저것 시도하는 모습은 지난 나의 젊은 모습을 보는 것 같기도 해 흐뭇한 마음이 들기도 한다. 하지만 세상일이 어떻게 순탄할 수만 있을까. 그 열정과 자신감은 잦은 실수와 스스로 결정할 수 없는 난감한 현실에서 조금씩 조금씩 쪼그라들기 마련이다.

시간이 지나 회식 자리에 술 한잔을 건네며 요즘 회사생활이 어떤지 물어보면 첫 대답은 '할 만 하다.'이고 두 번째로 '노력 중이다.'라는 대답이 들려온다. 생각만큼 쉽지 않다는 표현이다. 적당히 술에 취하면 그제야 자신의 힘듦을 이야기하며 업무처리가 능숙한 고참의 능력과 경험을 부러워한다. 그러면서 자신의 업무 능력을 어떻게 향상시킬 수 있는지 묻는다.

물론 업무 습득의 방법을 안 알려준 것은 아니다. 회사의 정규과정에 신입사원 업무 스킬 향상 과정도 있고, 현장에선 멘토 제도를 통해 선, 후배 간에 직접적으로 업무를 전수하기도 한다. 직, 간접적으로 만난 직장 상사의 조언이 있고 직속 선배의 충고도 셀 수 없이 많다. 하지만 노련한 고참의 경험을 따라가기엔 역부족이다. 지식, 정보 등 주어진 자료가 충분하여 마음만 먹으면 금세 이루어질 것 같지만 현실에선 결코 쉽게 이룰 수 없는 것이 경험의 세계다.

해군을 전역한 동료 직원의 이야기가 아직도 기억에 남는다.
기관사 업무를 담당한 원사 계급의 담당 직속상관이 맨날 사무실에 앉아 담배나 피우고 바둑을 두며 커피를 마시는 모습에 신입 부사관은 많은 실망을 했었다고 했다. 고참 원사의 빈둥거리는 듯한 행동이 예산의 낭비이고 그를 지켜보는 함장의 지도력에 문제가 있다고 늘 생각했다고 했다. 그런데 어느 날 바다 한가운데서 배가 멈춰 오도 가도 못하는 비상 상황이 발생하였다고 했다. 그때 매일 놀며 빈둥거리는 듯한 원사가 어느 지점의 어느 기기에 이런저런 현상이 발생하였을 것이니 빨리 가보라고 했다. 역시 그의 예측은 정확했고 금세 고장 난 배를 고칠 수 있었으며 배는 운항을 계속할 수 있었다고 했다. 그러면서 고참의 경험이 얼마나 중요하고 대단한 건지 실감했다고 한다. 실은 그 원사 고참은 배에서 매일 노는 것처럼 보였지만, 그는 온몸으로 주변에 일어나는 상황과 그 배의 상태를 실시간으로 파악하고 분석하였을 것이다. 현재의 기온은 어떤지, 바람은 어떻게 부는지, 파고의 상태는 어떤지, 등의 기상 상태와 그에 대응하여 운행 중인 배의 중요 기기의 소리, 진동 등을 통해 어떤 문제가 일어날지를 실시간으로 예상하고 파악하고 있었을 것이다.

경험이란 무엇이고 어떻게 형성되는가?
경험이란 한 존재가 살아온 삶의 역사가 고스란히 온몸에 배어있는 것이다. 태어나는 그 순간부터 살아온 현재의 순간까지 수많은 상황 속에서 그 순간 최선이라는 방법을 선택해서 실행하고 축적된 결과물의 모습이라 할 수 있다. 그렇게 형성된 경험의 과정을 가만히 생각해 보면 경험은 같은 상황에 직면해도 전혀 다르게 해석하고 판단하는 인간의 특성상 재현될 수 없는 고유한 결정체라 할 수 있다.

시간과 공간에 관해 생각해 보자.

우리는 같은 시간대에 전혀 다른 공간에서 살아간다. 설령 마주 앉아 대화를 나누며 한 공간에 있다 해도 실은 각자의 공간을 갖고 있는 것이다. 그 공간에서 반응하는 우리의 미세한 오감과 지각 능력은 차이가 나게 마련이고 그에 따라 겪게 되는 경험은 미약하나마 다를 수밖에 없다. 그 단적인 예가 물병에 물이 반 정도 차 있는 것을 보고 '반이나 있구나'와 '반밖에 없구나'의 반응일 것이다.

후배가 바라는 경험이 고스란히 전수될 수 있으면 어떻게 될까 생각해 보았다.

언뜻 생각하기에는 너무 환영할 것으로 여겨진다. 경험을 고스란히 받아서 시작하면 애꿎은 실패를 반복할 필요도 없을뿐더러 배움의 시간을 줄여 성과도 크게 낼 수 있으니 말이다. 하지만 조금만 바꿔 생각해 보면 그것이 얼마나 위험하고 불공평한지 알 수 있다.

무협 영화에 자주 등장하는 장면 중의 하나가 주인공이 어떤 이유로 스승을 만나서 특별한 기운과 능력을 통해 하룻밤 사이 스승의 모든 능력을 전수받는 장면을 보게 된다. 그리고 주인공은 다음날 천하제일의 무공을 갖춘 실력자로 거듭나 강호를 평정하는 모습을 보게 된다.

참 부럽고 멋진 장면이라 생각되지만 뒤집어 생각해보면 어떤 사람은 평생에 걸쳐 노력한 끝에 얻은 경험을 하루아침에 얻는다면 너무 불공평하지 않을까 하는 생각을 해본다. 또한 그런 능력이 의도치 않게 악용되기라도 하면 이 세상을 얼마나 어지럽힐까.라는 생각도 하게 된다.

쉽게 번 돈은 금세 나간다는 옛 속담이 있다. 가치를 모르니 쉽게 생각한 결과일 것이다. 능력 또한 쉽게 구하면 세상사를 쉽게 생각할지 모른다. 능력을 갖추는 과정의 가치를 모르니 누군가에 전함에 있어서도 난관에 부딪힐 것이다.

그나마 다행인 것은 경험이란 것은 한 존재에게만 주어지는 절대적인 것이어서 결코 그런 일이 생기지 않는다는 것이다.

경험은 당사자의 고유한 빛깔이라 할 수 있다. 그래서 그 자체로 존중받을 만하다. 부러워하거나 닮지 못하는 자신을 애석하게 여기는 것은 자신의 고귀함을 모르는 어리석음일 것이다.

내가 맞닥뜨린 환경에서 자신만의 경험을 쌓아 간다는 것은 곧 자신만의 고유한 탑을 만들어 가는 것이다. 멋지게 똑같이 쌓아 올린 탑보다 고유하고 유일무이한 소담한 탑이 누가 보아도 아름다울 것이다. 밤하늘에 빛나는 별처럼.. ✁

내 몸을 살리자

예나 지금이나 인간에게 가장 중요한 것을 꼽는다면 아마도 첫 번째가 생로병사와 관련된 생존의 문제일 것이다. 굳이 더 이상 부연 설명할 필요가 없을 정도로 생존과 관련된 문제는 절박하고 중요하다. 그래서 모든 선택의 순간에 최우선이라 할 수 있다. 어쩌면 지금껏 인류가 발전하며 만들어 놓은 시스템도 사실은 생존을 더 안전하고 확실하게 지키기 위한 바램에서 시작했다고 해도 과언이 아닐 것이다.

그 생존의 문제에 있어 끊임없이 인간의 근심거리로 남아있는 것은 세균과 바이러스에 의한 질병일 것이다. 인간이 태어나서 죽는 그날까지 외부 병원균을 방어하며 싸워 물리쳐야 하고 또 내부적으로 발생하는 반란군 같은 병원체들을 경계하여 늘 몰아낼 준비를 해야 한다. 이 문제는 인류의 시작과 함께, 어쩌면 마지막까지도 감내해야 할 과제일지 모른다.

예를 들면 결핵은 기원전 7,000년경 전에도 감염 흔적이 남아있을 정도로 오래된 병이자 많은 사람의 생명을 앗아간 질병이다. 특히 젊고 유능한 젊은이들에게 찾아와 요절하게 한 병이기도 하다. 그런 이유에선지 드라마나 영화의 소재거리로 자주 등장했던 것으로 기억한다. 흑사병은 중세 인구의 1/4을 죽음으로 몰아넣을 정도로 치사율이 높았다. 천연두 역시 속칭 마마라고 불릴 정도로 조선 후기에 많은 사람의 목숨을 앗아갔다. 그 외 장티푸스, 콜레라, 홍역 등이 있는데 창궐할 때마다 인류는 이 질병에 속수무책으로 당해야만 하는 뼈아픈 과거가 있었다.

과학이 발전하고 의학이 발전하면서 인간은 세상의 모든 병을 정복할 수 있을 것이라는 믿음을 갖게 한 계기가 있었다. 그 시작이 아마도 최초로 항생제를 발견한 영국의 알렉산더 플레밍의 페니실린이 아닐까 한다. 그전까지만 해도 인류는 세균과 바이러스에 의해 수많은 사람이 희생되어야 했다. 특별한 치료

법이 없었기에 기사회생을 바라든가 아니면 일정 시간이 지나 병원균 스스로가 약해져 사라지기만을 기다려야 했다. 그런 찰나에 페니실린의 발견은 인류를 괴롭혔던 몹쓸 세균으로부터 구원하여 우리가 그토록 바라던 무병장수의 희망을 가져다주게 하였다.

페니실린의 효과는 그 자체로도 대단했지만 그 후 인류를 괴롭혔던 전염병을 퇴치하기 위한 항생제를 발견하는 것에도 지대한 영향을 미쳤다. 그 후 장티푸스, 홍역, 천연두, 콜레라 등의 치료제가 연이어 나오게 되었다.

그런데 인류는 어느 순간부터 다시 세균과 바이러스의 공포에 휩싸이게 되었다. 모든 병원균을 치료하고 극복할 수 있다는 자만한 생각이 큰 착오였음을 깨닫게 되었다. 세균과 바이러스 역시 진화에 진화를 거듭하여 우리 앞에 나타나 또다시 우리의 생명을 위협하고 있다. 코로나 19, 사스, 신종인플루엔자, 메르스, 에볼라바이러스, 조류인플루엔자 등의 신종 전염병이 나타나 인류의 생명을 위협했으며 또 어떤 질병이 어떤 장소에서 생길지 아무도 모르게 되었다. 모든 병원균으로부터 해방될 줄 알았던 인류의 꿈은 한순간에 주저앉게 되고 말았다.

이제 우리는 어떤 선택을 해야 할 것인가?
스스로 생존법을 찾아야 할 것인가, 아니면 치료 약이 나올 때까지 무작정 기다려야 할 것인가.

얼마 전 코로나 백신 접종을 맞으며 겪었던 경험이 있었다.
2차 백신 접종을 한 후 당일은 아무런 증상도 없이 하루를 보냈다. 어깨의 통증은 미미했었고 미약하게 전해오는 가슴 압박은 과한 업무 뒤에 오는 피로처럼 약간의 나른함이 전부였다. 내심 백신에 완벽하게 적응된 것이란 생각이 들었다. 특별히 예방약을 먹을 필요성도 못 느끼고 후속 조치할 필요도 없음을 스스로 판단하였다.

그러나 문제는 다음날 급반전되었다.
아침 일찍 눈을 뜨는데 몹시 한기가 느껴졌다. 손과 발이 유독 더 시려서인지 몸이 자꾸 움츠려졌다. 온몸이 착 가라앉듯 바닥에 붙은 기분은 마치 큰 짐을 한 아름 묵직하게 안은 느낌이었다. 영락없는 몸살감기 증세다. 아무것도 할 수 없어 자리에 누워 조금이라도 휴식을 취하고자 하였다. 그러면서 어제의 내 생각이 많이 빗나갔음을 알게 되었다.

곰곰이 생각에 빠져보았다.

그간의 경험과 나의 생명 유지 시스템을 종합적으로 검토하여 지금 이 상황을 분석해보고자 했다. 분명한 것은 코로나 백신을 맞기 전까지는 건강한 생활이 이어졌고 그사이 몸을 혹사할 만한 특별한 일이 없었다. 그렇다면 이번 몸살의 주원인은 백신이 투여되면서 시작되었다는 것이다. 그렇다면 왜 몸살로 이어졌을까가 물음표로 이어졌다.

내 몸의 항원 항체 시스템의 현장으로 들어가 이 사건을 생각해 보았다. 나의 몸은 대략 50조의 세포로 이루어져 있다. 몇 개의 기관과 조직들로 나누어져 각자의 역할을 하며 동시에 유기적으로 연결되어 전체 시스템을 이룬다. 그 많은 세포도 개별적으로는 미약한 생물체에 불과하다. 상부상조하듯이 서로가 공생의 관계에 있기에 강력한 협동력으로 외부 적을 물리치는 것이다. 세포 하나하나는 나약하지만 조직력을 앞세우면 그 어떤 침입자보다 강하여 효과적으로 대응할 수 있는 구조다. 마치 한 나라의 정규군과 같은 구조라서 평상시에는 치안 활동에 주력하다 유사시에는 특수부대가 투입되어 사건을 속전속결로 해결하기도 한다. 그렇지만 뜻밖의 큰 재앙이 펼쳐지면 비상사태를 선포하여 전군이 적군을 물리치기 위한 준비상태로 들어간다.

이것으로 미뤄보았을 때 현재 내 몸은 비상 상태인 것이다. 뜻하지 않은 침입자가 갑자기 대량으로 들어온 것이다. 아마 처음은 이 백신이 어떤 녀석인지 살폈을 것이고 정찰병이 정보국에 보고해 호구조사를 하였을 것이다. 정보국에서는 근래에 자주 접할 수 없는 위험한 녀석으로 분류하였을 것이고 그 분석을 바탕으로 내 몸은 이런 상황은 지체하면 전혀 도움이 안 된다고 판단하여 새벽 0시를 기준으로 비상 상태인 계엄령을 선포한 것이다. 모든 세포에게 전문이 전달되었고 이번 기회를 통해 그동안 이런저런 이유로 미뤄났던 사회정화 운동도 함께 한다는 것을 목표로 하였을 것이다.

이렇게 모든 세포가 동시다발적으로 일어나 생명유지시스템을 극대화하는 것이 몸살이다. 즉 몸살은 질병이 아니라 내 몸의 질서를 바로잡는 자연스러운 현상이다. 애초에 설계된 대로 되돌아가고자 하는 몸의 반응인 것이다.

그렇다면 나는 어떻게 생명유지시스템의 비상 상태를 도울 수 있을까.

몸살은 세포 스스로가 거듭나는 활동이다. 이 순간만은 누군가를 위한 공헌이 아니라 스스로가 각자의 힘을 최대한 끌어내어 먼저 자신 주변을 정리하고 침입자는 물리치고 불필요한 이물질은 밖으로 몰아내는 것이다. 조직이나 기관의 기능적 역할보다는 세포 단위의 역할에 충실하기 때문에 몸살에 걸리면 모든 것이 귀찮아진다. 모든 기능이 최소화되기 때문에 먹는 것도 귀찮고 움직이는 것도 귀찮고 생각하는 것도 귀찮은 것이다. 반대로 세포 단위는 아주 역동적으로 활동하기 때문에 그토록 많은 열이 펄펄 나게 만든다. 그렇게 열을 내야 바이러스도 사멸시킬 수 있고 얼음처럼 굳어 있던 몸의 찌꺼기도 녹여서 밖으로 내보낼 수 있는 것이다.

지금까지를 종합해 보면 내가 할 수 있는 것은 아무것도 없다. 아니 해서는 안 되는 것이다. 움직이는 것도 먹는 것도 도움이 안 된다. 혹 사람들이 아플수록 많이 먹어야 한다고 했는데 전혀 가당치 않은 사실임을 알 것 같다. 그래서 이번 몸살을 환골탈태의 기회로 생각하기로 했다. 단 몸을 위해 몇 가지만 하기로 했다. 맑은 물, 적당한 죽염, 누룽지 조금, 비타민 C, 따뜻한 차, 이 다섯 가지면 세포가 원상태로 살아나는 데 효과적이란 생각이 들었다.

물은 인체 활동에 필수 요소로 작용한다. 특히 몸에 이상 증상이 있을 때 더욱더 수분을 많이 필요로 한다. 다양한 화학 반응을 함과 동시에 노폐물 제거, 영양소 운반에 필요하다. 죽염은 인체의 전해질 농도를 유지해 줌으로써 지나친 탈수를 방지하기도 하고 병원균의 증식을 억제하기도 한다. 다량의 열을 냄에 있어 혹시나 모를 연료 부족 현상을 해결하기 위해 누룽지와 꿀을 첨가해 보았다. 비타민 C는 강력한 항산화제이자 세포를 건강하게 해주는 영양소로서 음식 섭취를 못 하는 동안 공급할 경로가 없어 추가해 보았다.

이렇게 정리를 하고 하루 동안 실천에 옮겨보았다.

결과는 꽤 성공적이었다. 몸살 당일은 꽤 힘든 하루였지만 충분한 물을 마시며 누워서 아무것도 하지 않고 몸이 이끄는 대로 했다. 그다음 날 아침 눈을 뜨는데 머리와 가슴으로 시원하며 청량한 기운이 소리 없이 차분하게 내려앉았다. 그 맑고 청량함이 마치 봄날의 싱그러운 아침을 보는 듯했다. 몸을 일으켜 한 발 한 발 걷는 걸음이 가볍고 사뿐하다. 직감적으로 몸살이 지나갔음을 예감했다. 내 판단이 옳았고 선택이 적절했음에 뿌듯한 마음이 올라왔다.

사람들은 질병이 무조건 나쁜 것이고 퇴치해야 하는 것으로 생각하는 경향이 많은 것 같다. 그런 부정적인 생각이 약이나 다른 무언가에 의존하게 만들지 않을까 생각된다. 어쩌면 우리 인체는 이 세상의 그 어떤 병도 물리칠 수 있는 시스템을 가졌는지 모른다. 다만 우리가 아직 그 이치를 깨닫지 못했기 때문에 자꾸 의존적으로 기울지 않았는지 돌이켜 볼 문제다.

예부터 인체를 소우주라 했다. 인체를 알면 우주의 이치를 아는 것이다. 그런 인체의 무궁무진한 능력을 우리는 너무 과소평가하고 있다. 이번 기회를 통해 내 몸을, 나 자신을 좀 더 참되고 깊게 돌이켜 보는 시간이 되었다.

나만의 독서법 만들기

독서의 장점을 굳이 설명할 필요가 있을까?

우리나라 국민이면 3살 어린아이도 독서의 중요함을 잘 안다. 어릴 적부터 죽는 그날까지 듣는 이야기 중의 하나가 아닐까 한다. 나도 지금까지 살아오면서 부모님, 형제자매, 선배, 선생님 등 귀에 딱지가 앉도록 듣는 말이 '책 속에 답이 있다. 책 속에 성공이 있다. 책 속에 원하는 모든 것이 있다.'라는 문구이다.

아마 배움에 목말라하는 우리 국민의 민족성인지도 모르겠다. 세계에서 교육열이 제일 높다는 기사를 보거나 밤늦게 학원에서 귀가하는 아이들을 봐도 짐작이 간다.

어릴 적 아버님은 방안 곳곳에 책을 가득 쌓아 놓고 사셨다. 나중에 안 사실이지만 아버님은 초등학교 2학년만 다니고 중퇴를 하였다고 했다. 백부님은 초등학교를 졸업하였지만 본인은 2년밖에 다니지 못한 것이 내내 아쉬웠던 것 같다. 술만 드시면 어릴 적 기억을 우리에게 들려주셨다. 그런 이유인지 혼자 독학을 하며 틈틈이 책을 사서 집안 가득히 채우셨다. 그러고는 우리에게 독서를 많이 해야 한다고 틈틈이 강조하였다. 덕분에 책이 많은 집에서 살 수 있는 환경적 여건이 조성되었다.

그런 영향인지 나도 독서가 중요하다는 것을 마음속에 담고 살았다. 그래서 시간이 나면 틈틈이 독서를 하려고 노력했다. 유명한 고전부터 유행하는 베스트셀러 등 이 책 저 책을 보았던 것 같다. 그런데 그간의 과정을 돌이켜 보면 왠지 의문이 드는 경우가 많다. 내가 정말 독서를 잘하고 있는 것일까? 많은 사람들이 말하는 것처럼 독서를 통해 성공을 이룰 수 있을 것인가? 독서가 진정으로 나를 크게 변화시키고 있을까 등.

그래서 나의 독서 패턴에 대해 돌아보았다.
첫 번째로 독서가 중요하다는 것을 잘 알고 있었기에 책의 양적인 결과에 많이 집착했던 경향이 컸다. 그저 많이 읽으면 되는 줄 알고 책의 권수에 매달려 다독을 하려고 했었다. 젊은 시절 융의 정신분석이란 책이 꽤나 유행했었는데 나도 봐야겠다는 생각에 읽었던 기억이 있다. 책이 어렵기도 했겠지만 지금 내 기억 속엔 어떤 내용도 남아있지 않다. 지금 생각해도 그땐 책을 읽은 것이 아니라 글자를 읽고 지나가기에 바빴다.

두 번째로 시험 위주의 학습 환경이 독서에 그대로 반영된 경우가 많은 것 같다. 좋은 성적을 내기 위해 또는 자격시험에 합격하기 위해, 취업 준비를 위해 독서를 한 경우가 많았다. 책의 전체 내용을 지은이의 사상 관점 등을 통해 파악하기보다 시험에 주로 다룬 내용의 필요한 부분만 선택적으로 보는 경우가 많았다.

세 번째로 독서의 중요성은 알았지만 독서의 방법을 제대로 배운 적이 없었다. 나의 부모님도 독서의 중요성을 알았지만 어떻게 책을 읽어야 효과적으로 읽는 것인지는 알려주지 않았다. 중, 고등학교 시절 국어 시간에 글쓰기에 대한 과정도 있었지만 그 또한 시험을 위한 글쓰기였지 독서를 위한 글쓰기가 아니었던 것으로 기억난다. 고등학교 때 국어 선생님이 '갈매기의 꿈'이 좋다고 추천해서 읽었었다. 갈매기가 높이 날고자 하는 대충의 의미는 알겠는데 도대체 왜 그 책이 사람들을 감동시켰는지는 몰랐었다. 그 이후로도 한두 번 더 읽었지만 특별히 느껴지는 것이 없어 책을 덮었고 기억 속에 남은 것이 별로 없다.

이렇듯 나의 독서 법에는 몇 가지 문제점이 있었다.
이제 와서야 잘못된 나의 독서법이 눈에 들어오니 늦은 감도 있지만 그나마 다행이라는 생각이 든다. 그래서 요즘은 나름 독서에 대한 나만의 원칙을 가지고 책을 읽어가고 있다.

먼저 성급한 나의 마음 내려놓기다. 빨리 책 한 권을 끝내려는 내 습관이 늘상 따라다닌다. 그럴 때마다 잠시 내려놓고 천천히 책의 권 수보다도 책의 내용에 충실한다는 마음으로 책에 접근한다.

두 번째로 책 제목과 각 소제목을 보며 나만의 생각을 정립해 본다. 니체의 인생 강의를 읽으며 '누가 신을 죽였는가'라는 대목이 나오면 나만의 생각을 먼저 정리해 본다. 신이 죽었구나. 누군가가 신을 죽였다면 그는 어떤 능력의 존재일까? 그리고 어떻게 죽였을까? 라는 나만의 생각을 먼저 떠올려 보고 책 속으로 들어가 보는 것이다. 그러면 내 생각과 일치되는 부분과 상반되는 부분 등이 보이며 좀 더 내용이 뚜렷이 남게 된다.

세 번째로 주어와 술어를 정확히 찾아내고 주어와 술어를 이해시키기 위해 삽입된 문구들을 살펴본다. 그리고 각 문단의 배치 관계도 바로 읽어 내려가지 않고 위 문단과 어떤 연결구조로 되어 있는지 한번 생각하고 다음으로 넘어간다. 앞의 문단을 부연해서 설명한 것인지, 예시를 든 것인지, 강조한 것인지, 아니면 전환하여 다른 이야기로 풀어나가는지 등.

요즘 이렇게 나만의 독서법을 설정해 두고 틈틈이 책을 보려고 노력 중이다. 원래 읽는 속도가 느린데 더욱 늦게 읽으니 그것이 단점이긴 하나 그래도 책을 읽는 성취감은 예전보다 남다르다는 생각이 든다. 책 한 권을 읽고 나면 나만의 생각이 정립되기도 하고 새로운 관점에 대한 시야가 넓어지기도 한다. 특히 책에서 지은이가 자신의 생각을 독자에게 풀어 설명하는 부분을 보며, 글을 통해 전달함에 있어 어떻게 적절한 비유와 예시, 설명 등을 활용하는지를 보며 나의 표현법도 조금씩 성숙하는 것 같다.

'하루라도 책을 읽지 않으면 입안에 가시가 돋는다.'
 '사람은 책을 만들고 책은 사람을 만든다.'는 말처럼 독서는 우리의 삶과 떼려야 뗄 수 없는 불과분의 관계이고 또 책을 통해 우리는 자신을 자신답게 만들어 간다. 그런 독서를 지금부터라도 독서의 진정한 의미를 알고 독서다운 독서를 통해 나 자신을 변화시켜 나가고자 한다.

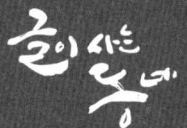

자연이 건네는 지혜

분명 시련은 삶을 느려지게 한다.
그러나 느린 속도 때문에
삶을 돌아볼 수 있는
시간이 생긴다.
(본문 중에서)

최금자

살면서 익숙한 것에 가려져 빛을 보지 못한 것이 너무 많다. 한 걸음 한 걸음 아직 빛을 보지 못한 삶을 찾아 나선다. 글과 함께...

최금자

안개에서 찾다
익숙함의 불편

안개에서 찾다

학술대회가 있어 아침 일찍 포항에서 출발해 부산으로 갔다. 종일 긴장 속에 있다가 일정을 마치고 저녁 8시 30분쯤 포항으로 돌아오던 길이었다. 이날은 오전부터 비가 계속 내렸다. 저녁이 되자 비는 그치고 안개가 잔뜩 껴 있었다. 안개가 끼어 있어도 익숙한 길인 데다 금방 걷힐 것이라는 생각 때문에 운전에 관해 걱정은 하지 않았다. 오히려 짙게 덮인 엄청난 양의 안개 때문에 속도를 내지 못하는 상황인데도 신선이 된 듯 신기하고 황홀했다.

황홀경에 빠지는 것도 잠깐, 안개가 걷힐 기미가 보이지 않자 불안하고 답답했다.

보통 안개가 끼었다 하더라도 오래가지 않아 걷혔다. 그런데 이날은 깜깜한 밤길에 더해 바로 앞의 사물도 분간하지 못할 정도로 짙게 이어져 있었다. 끝도 없이 길게 이어진 안개길을 달려야 했다. 그러다 간간이 만나는 터널 구간, 앞차와 가로등의 희미한 불빛이 짙은 안개길을 달려오면서 느낀 불안과 답답함을 조금 누그러뜨릴 수 있게 해주었다. 어렵게 한 시간쯤 지나니 마침내 속도를 낼 수 있었다. 끝나지 않을 것 같은 안개가 끝이 난 것이다.

때론 황홀경을, 때론 불안과 답답함을 주었던 안개.
인생에서도 불가항력적인 안개를 만날 때가 있다.
인생을 살면서 순탄한 일만 있으면 좋겠지만, 생각지도 못한 물질의 어려움, 건강의 어려움, 인간관계에서 오는 어려움 등이 있기도 하고, 견디기 힘든 시험에 드는 경우 또한 자주 발생하여 힘들게 한다.

이러한 시련이 닥치면 초기에는 금방 괜찮아질 것이라는 생각으로 대수롭지 않게 여긴다. 심지어는 시련을 즐길 수 있는 여유까지도 생긴다. 마치 안개를 만났을 때 익숙했던 길이라 안개가 금방 그칠 것이라는 막연한 기대감으로 두려움보다는 오히려 안개를 즐기는 여유를 가지게 되는 것처럼...

그런데 일정 시간이 지났는데도 시련이 끝날 기미가 보이지 않는다면 여유는 불안과 답답함으로 바뀌게 된다. 그 이유는 그동안 달려온 삶의 속도보다 늦어지고 늦어진 속도로 인해 초조해지기 때문이다. 초조함으로 생기는 불안은 삶의 평정심을 잃게 하고 부정적인 생각으로 빠지게 한다. 부정적인 생각 때문에 끝내는 삶의 방향을 잃게 되고 벼랑 끝으로 내몰리게 된다. 뜻하지 않은 시련 때문에 안 그래도 늦은 삶의 속도가 더 느려지고 그나마 유지하던 속도마저도 무너지게 된다.

안개를 만나지 않았다면 정신없이 달려가고 있었을 것이다.
열심히 질주하면서 얻게 되는 만족감에 빠져 있었을 것이다. 주변의 아름다운 경치도 놓치고, 사고의 위험을 안고 달리고 있다는 것도 모른 채 가고 있었을 것이다.
그러고 보면 나의 삶도 사람들과 경쟁하듯 소중한 순간을 지나치면서 속도만 내고 있었다. 귀한 삶의 시간들이 빠르게 지나쳐 가고 있었던 것이다.
그렇게 질주하던 삶에 방해꾼인 안개를 만났다.
눈앞에 안개가 있음에도 불구하고 질주하던 시간에 휩싸여 안개는 외면하고 있었다. 더구나 맑은 날의 잣대로 안개 낀 날을 가늠하다 보니 불안하고 힘들었던 것이다.

끝날 것 같지 않던 안개는 끝이 난다.
안개는 쉴 새 없이 앞으로 달려가던 나에게 잠깐 숨을 돌리고 뒤돌아보게 하려는 것이었고, 순간순간을 소홀히 대했던 나에게 놓친 순간의 소중함을 되찾아 주려는 것이었다.

분명 시련은 삶을 느려지게 한다.
그러나 느린 속도 때문에 삶을 돌아볼 수 있는 시간이 생긴다.
그리고 자신을 향해 '불가항력적인 시련이라 하지만 내가 만든 것은 아닌지, 현실에 매여 살면서 잊어버리고 사는 것은 없는지, 열심히 앞을 향해 가는 길이 내가 원하는 길인지, 쉼 없이 앞만 보고 달리는 것이 내 삶의 속도인가?'라고 질문하게 만든다.

그로 인해 쉽진 않겠지만 시련이 던진 질문의 답을 찾는다.
시련 속에서 맞이하는 삶을,
소홀했던 내 삶을 소중하게 가꾸어 가는 길을 찾는다. ✾

익숙함의 불편

나는 하기 싫은 것은 하지 않으려 한다. 아니 외면해 버린다. 그중 하나가 글쓰기이다.

학창 시절 글쓰기 시간은 너무나 힘들고 곤혹스러운 시간이었다.

글쓰기 시간이 되면 남의 글을 베껴 쓰거나 어떻게든 그 시간을 모면하려는 생각으로 보냈다. 더구나 글을 발표라도 할 때면 쥐구멍이라도 들어가고 싶었다.

그런 생활이 반복되다 보니 글쓰기가 어느새 싫어하는 것 중에 하나로 자리 잡게 되었다.

이런 나에게 글을 쓸 일이 생겼다. 더 자세히 말하면 발표할 기회가 생겨 원고를 만들어야 했다. 원고를 만들고 열심히 발표 준비를 했지만, 결과는 만족스럽지 못했다.

이유는 내가 쓴 원고이지만 남의 글로 채워져 있었기 때문이다.

나의 생각을 정리한 것이 아니라 남이 만들어 놓은 생각을 베껴 썼던 것이다.

남의 생각을 나의 생각인 것처럼 말을 하고 글을 쓰고 있었다는 것을 알아차리게 되면서 나의 생각이 말이 되고 글이 되어야 한다는 것을 깨닫게 되었다.

살면서 겪게 되는 다양한 경험들이 나의 생각을 만들고, 그 생각이 말이 되고, 글이 된다는 것을...

내 삶은 어떨까?

글쓰기처럼 싫어한다는 이유로 외면한 많은 것들 때문에 우스운 모습이 되어 있었다. 싫어한다는 것은 잘하지 못한다는 것이다. 잘하지 못하기 때문에 불안하고 두려운 건 당연하다. 누구나 그럴 수밖에 없는데 나는 그 불안과 두려움을 이기지 못하고 쉽게 시작하지 않을뿐더러 시작도 하기 전에 해봐도 안 되는 일이라 판단해 버리고 포기했던 일이 많았다.

그래서 내 삶은 익숙한 것들에 의해 길들여져 있었다.

익숙하게 길들여진 것은 성장하면서 학습된 것, 세상살이에 맞추어 단단히 굳어버린 생각 등이었다.

그런데 아이러니하게도 익숙하게 길들여진 것은 남이 만들어 놓은 것이 많았다.

남이 만들어 놓은 것에 길들여져 살면 편안할 것 같지만 힘들고 불편함을 느낄 때가 많았다. 이유는 나를 위해 살고 있지 않았기 때문이다. 그러고 보면 나는 나의 생각이 어떤지, 내가 원하는 것이 무엇인지, 난 어떤 사람으로 살고 싶은지 등 자신에게 던지는 질문이 없었다. 남이 만들어 놓은 것에 길들여져 남이 원하는 모습으로 살고 있었다.

이제 익숙한 불편함을 찾아 조금씩 해소하려 한다.

그러기 위해서는 놓치고 있었던 나의 삶을 다시 보려 한다.

그리고 나 자신에게 질문을 던지고 나를 위해 사는 삶을 글에 담고자 한다.

아직은 어색하다. 어떻게 해야 할지 생각이 많아진다.

하지만 이것만은 분명하다.

적어도 나의 글이 나와 같이 싫어한다는 이유로 외면한 댓가로 잃어버린, 내가 원하는 삶을 찾는 자극제가 되었으면 한다.

때론 따뜻한 격려와 위로를, 때론 따끔한 충고를 통해서~~
그리고,
삶에 변화가 생기면 더 좋겠다. ✌

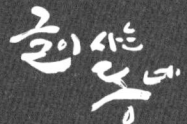

글 쓰는 엄마와 그림 그리는 아이

공자님 말씀에 기소불욕(己所不欲) 물시어인(勿施於人)이 있다.
내가 중요하게 생각하는 것을
상대방도 똑같이 중요하게 여겨 주기를 바라듯이,
나 또한 상대방이 중요하게 생각하는 것을
똑같이 중요하게 대해 줘야 한다는 뜻으로
아이의 입장에서 이야기를 제대로 끝까지 잘 들어보아야
그 상황을 이해할 수 있고 역지사지의 마음으로
그 중요함을 깨달을 수 있다.
(본문 중에서)

박은영

언젠가 내 삶을 고스란히 담은 나만의 책을 펴내고 싶은 엄마와 웹툰 작가가 꿈인 아이가 습작을 모아 꿈을 키우는 과정을 담았습니다. 육아에 대한 글을 쓰며 아이를 관찰하다 보니, 내 아이가 하는 생뚱맞은 말 한마디, 우스꽝스러운 행동, 아무렇게나 그려 놓은 그림마저도 나에게는 소중한 보물입니다. 이 보물들을 엄마의 글쓰기를 통하여 책이라는 상자에 차곡차곡 모아 아이에게 추억을 선물하려고 합니다.

글 : 박은영, 그림 : 박시언

박은영

토토가 된 시언이
인싸가 되고 싶은 아이
이모 보고 싶다.
엄마 몇 살이야 2
내 자식은 나나 예쁘지
변신! 고양이 도도
책을 좋아하는 아이

토토가 된 시언이

앵무새 토토는 좁은 새장 안을 요리조리 폴짝폴짝 뛰어다니기도 하고 부리로 쇠창살을 물고 짧은 다리로 기어오르기도 하며 열심히 아침 운동을 하고 있다.

아침잠이 많은 아이가 눈을 비비며 졸리는 눈으로 멍하니 앵무새를 바라보며

"토토는 좋겠다. 학교도 안 가도 되고 온종일 자도 되고…"

"시언아. 엄마랑 재밌는 상상 놀이 한번 해 볼래?"

"뭔데?"

"시언이랑 토토랑 영혼 바꾸기 놀이야. 시언이가 토토가 되어 학교 안 가고 온종일 새장 안에서 낮잠 실컷 자고 노는 거야. 토토는 시언이 대신 학교도 가고 학원에도 가는 거지."

"응. 나 학교 안 가는 토토 할래."
"재밌겠다. 토토는 아마 학교에 가보고 싶을걸."

"와! 시언아. 너 다리 찢기 어쩜 이렇게 잘하니?"
"시언아. 또 해봐."
"또 해봐."
"나도 좀 가르쳐 줘."
 태권도 학원에서 아이들에게 둘러싸인 '시언이가 된 토토'가 매일 짧은 다리로 새장을 기어오르며 연습한 다리 찢기 실력을 마음껏 뽐내고는 우쭐해하고 있다.

한편, '토토가 된 시언이'는 거실 놀이 매트 위에 지름 1.5m의 원을 그려 투명 새장이라고 설정하고 영혼 바꾸기 놀이를 시작했다. 토토처럼 팔을 벌려 날아다니는 흉내를 내며 좁은 원을 빙빙 돌기도 하고 걷다 앉기를 반복하며 한참을 놀더니, 재미없는지 시큰둥해져서 쪼그리고 앉아버렸다. 아이가 엄마를 몇 번이나 불러도 아는 척도 안 하고 가만히 냐넜더니 급기야 훌쩍훌쩍 울음을 터트렸다.

"엄마. 나 토토 안 할 거야. 시언이 할 거야. 엉엉~"

"시언아. 왜 울어. 너 학교 안 가는 토토 해보고 싶다고 했잖아."

"엄마. 나는 토토가 새장 안에서 잘 놀길래 새장 안이 재밌는 줄 알았는데 아니야. 여긴 너무 좁아서 날아다닐 수가 없어. 밖으로 나갈 수도 없고, 친구도 없어. 진짜 진짜 재미없고 심심해. 누가 꺼내 줄 때까지 온종일 새장에 갇혀서 혼자 있어야 하는 토토가 불쌍해. 엉엉~"

"시언아. 그래도 토토는 늦잠도 자고, 학교도 안 가도 되잖아. 넌 아침에 깨워도 빨리 일어나지도 않고, 학교도 가기 싫다며. 그냥 토토 하자."

"안돼! 토토 안 할 거야. 학교 가서 친구들이랑 놀 거야."

다른 사람의 입장이 되어 상상해 보면 나 자신과 타인을 더 잘 이해할 수 있다.

내 입장으로만 상황을 보고 판단했던 것을, 관점을 바꾸어 타인의 입장이 되어보면, 그 처지를 실감하게 되어 감정을 공감할 수 있기 때문에 제대로 이해할 수 있다. 또한 타인의 눈을 통하여 나를 관찰하게 되면 자기 객관화를 할 수 있기 때문에 자신을 있는 그대로 볼 수 있다.

시언이는 늦잠도 자고 학교도 안 가도 되는 토토가 부러웠는데 막상 토토가 되어 아무도 없는 좁은 공간에 갇혀 있어 보니 토토가 얼마나 갑갑하고 심심한지 알 수 있었고, 토토의 눈으로 새장 안에서 자신을 바라보니 학교와 학원을 오가며 친구들과 재밌게 지낼 수 있는 자유를 가진 자신이 행복한 사람이라는 것을 깨닫게 되었다.

시언이는 영혼 바꾸기 상상 게임을 하고 나서부터는 "학교 안 가도 되는 토토"가 부럽다는 말은 이제 더 이상 안 하게 되었고 학교 가기 싫다는 소리도 줄었다. 토토가 온종일 새장 안에서 얼마나 갑갑하고 심심했을지 상상 게임을 통하여 간접 경험해 본 시언이는 저녁마다 토토를 새장에서 꺼내어 놀아주고 있다.

어려운 사람들을 돕는 자원봉사에 참가해 보면 금전이나 육체적으로 어려움이 있는 사람들을 조금은 이해할 수 있을뿐더러 자신이 남에게 도움을 주었다는 뿌듯함을 느끼게 된다. 나보다 어려운 사람들을 보면서 상대적으로 자신이 당연히 누리고 있는 것들에 대하여 감사한 마음 또한, 가지게 된다.

아이는 성장해 가면서 더 많은 사람과 관계를 맺으며 사회의 구성원으로 살아가게 된다. 남의 입장에서 생각할 줄 아는 사람으로 성장할 때 행복한 사회인으로 살아갈 수 있다. 하지만 지금의 교육과 현실은 사회성을 키우기에는 역부족이다.
요즘 많은 아이가 친구들과 어울려 놀기보다는 휴대폰을 하며 혼자 집에서 놀려고 한다. 어쩌면 함께하는 즐거움을 모르거나 잊어버렸는지 모른다.

아이를 남의 입장에서 생각할 줄 아는 행복한 사회인으로 키우려면, 많은 경험을 해보는 것이 중요하다.
시골에서 올망졸망 형제들 틈에서 대가족으로 자란 나는 공동체 생활에 익숙한 데 비해 아이는 외동이기에 함께 나누며 같이 생활하는 것에 대한 경험이 부족하다.

나는 아이를 혼자가 아닌 친척들 틈에서 키우기 위해 이모할머니들과 단체여행을 자주 다니고, 아이를 이모 집에 가끔 보내어 언니, 오빠들과 어울려 놀게 한다.

친척들과의 단체여행에서 장거리 차량 이동을 할 때면 아이가 힘들어하며 자꾸만 언제 목적지에 도착하냐고 묻고 칭얼거린다. 그럴 때면 아이에게 "다른 사람들도 너처럼 힘들고 불편하지만 다 같이 즐겁게 여행하기 위해서 참고 있다."고 말해주며 네가 힘들다고 자꾸 칭얼거리면 다른 사람들이 불편해할 수 있으니 그러지 말라고 한다. 그리고는 '난센스 퀴즈' 게임을 하자고 제안하여 차 안 분위기를 바꾼다.

아이는 단체여행에서 함께하는 즐거움을 찾고 그들과 부대끼면서 타인을 이해하고 배려하는 마음을 몸으로 배우게 된다.

친척 모임뿐만 아니라 학원 행사에도 자주 데리고 다니고 여행도 많이 다니려고 노력하고 있다. 아이에게 많은 경험을 시켜주기 위해서이다.

경험해 보지 않고는 제대로 상상할 수 없다. 많은 경험을 해보아야 타인의 입장에서 상상할 수 있고 이해할 수 있는 능력이 생긴다. 모방은 창조의 어머니이듯이 상상력은 경험에서 탄생하기 때문이다.

 "시언아. 우리 심심한데 엄마랑 시언이랑 영혼 바꾸기 게임 한번 해 볼까?"
 "뭔데?"
 "엄마는 말 안 듣는 시언이가 되고, 시언이는 잔소리쟁이 엄마가 되어 보는 거야."

2022. 9. 30.

인싸가 되고 싶은 아이

"엄마. 내가 우리 학교 인싸인 거 알아?"
"뭐? 네가 학교에서 그렇게 유명한 사람이야?"
"엄마. 무슨 소리야. 인싸는 유명한 사람이 아니고 인기가 많은 사람이라는 뜻이야."
"…"
"엄마. 따라 해봐. '인사' 아니고 '인싸'."

인싸는 인사이더(insider)를 줄인 말로 여러 사람과 잘 어울려 지내는 사람이라는 뜻으로 인기가 많은 사람을 의미하는 신조어이다.
 얼마 전 인싸에 대한 아이의 이야기를 듣고 세대차를 심하게 느낀 적이 있다.

그래서 아이가 경험하고 있는 인싸에 대하여 물어보았다.

2학년을 대상으로 인싸그룹이 있다고 한다. 각 반에 인싸 관리 대표가 한 명씩 있고 분기별로 인싸를 뽑는 투표를 한다고 한다. 각 반대표가 모여 제비뽑기해서 1등을 한 반에서 선생님 몰래 투표 하는데 아이들은 '비밀인투'라고 줄여서 부른다. 비밀인투의 후보가 되려면 15명 이상의 추천을 받아야 하는데 아이는 당당하게 자신이 후보라고 자랑했다.

봄과 여름의 투표 결과 3명의 후보로 좁혀졌고 얼마 전 치른 투표에서 2명의 후보 중 한 명이 되었다고 한다.

아이는 으스대며 인기를 유지하기 위해서는 옷을 예쁘게 입는 게 중요하다고 하며 옷을 사달라고 했다.

아이가 생각하는 인싸는 친구들과 함께하는 재밌는 인기 관리 게임이다.

아이는 인기를 숫자로 바꾸어 생각하고 자신의 행동에 따라서 인기를 올릴 수도 있고 내릴 수도 있다고 생각하기 때문이다. 어떤 행동을 하고 어떤 모습일 때 친구들이 좋아하는지 알고 있고 그렇게 행동 하려고 노력하고 있다.

지난번 비밀인투에서 자신이 경쟁자인 해리를 이긴 이유가 해리는 색깔이 안 예쁜 흰색 치마와 검은색 치마만 입는 데다 장식도 없는 옷을 입어서 인기가 떨어졌다고 철석같이 믿고 있다.

아이의 말에 따르면 인싸들은 선생님 몰래 쉬는 시간에 복도에서 몸을 흔들며 신나게 춤을 추는 행사를 한다고 한다. 비밀인투를 거쳐 최종 제왕이 되면 '황남인싸'라는 책에 금색으로 이름을 적는 영광을 얻는다고 자랑했다.
아이는 친구들과 함께하는 인싸 게임에 푹 빠져서 몸으로 놀이를 즐기고 있다.
왜 인싸가 되고 싶으냐고 물어보니 인기가 많아지면 기분이 좋다고 했고 사람들의 관심을 받고 싶다고 했다.
인싸 놀이를 하면서 아이는 친구들과 더 잘 어울리게 되었고 학교생활이 더 즐거워졌다.

엄마가 생각하는 인싸는 소통의 달인이다.

주변에 자신을 따르는 사람이 많다는 것은 남을 배려하고 소통을 실천하여 이해와 공감을 얻었다는 것을 의미한다.

직장 동료 중에 인싸라고 칭하고 싶은 동료가 한 사람 있다. 리더는 물론이고 젊은 신규 직원들까지 그녀를 찾고 따른다. 업무 능력이 뛰어나고, 남의 이야기를 잘 들어주며 자신의 일인 것처럼 발 벗고 나서서 도와주기를 망설이지 않는다. 나이 차이가 크게 나는 젊은 세대의 문화를 함께 즐기며 표정이 밝고 긍정적이다.

그래서 그녀의 곁에는 늘 사람들이 많고 즐거움이 있다.

나는 아이를 그녀처럼 배려와 소통을 실천하는 진짜 인싸를 만들어 주고 싶다.

아침에 입을 옷을 골라주면 아이는 그 옷이 "마음에 든다."고 말하지 않고 "인기가 많이 올라가겠다."고 말하며 일상생활을 인싸놀이라고 생각하고 표현한다.

인싸놀이는 게임이다 보니 인기를 얻기 위한 경쟁에만 치우쳐 친구들에게 보여지는 모습에 집착하게 된다. 마음에서 우러나는 행동이 아니라 관심받기 위한 행동들을 의식적으로 하며 인기라는 숫자의 노예가 될까 걱정이다.

 인싸게임으로 건강한 인간관계를 자연스럽게 만들어 가기 위해서 엄마가 아이를 응원하며 선수를 관리하는 감독이 되어 게임을 함께 즐겨 보려 한다.
 어떻게 하면 인싸가 될 수 있는가에 대하여 아이와 이야기를 나눠 보았다. 학교 공부도 열심히 하고, 옷도 예쁘게 입고, 친구들에게 친절해야 한다고 했다.
 감독인 엄마는 숙제와 준비물을 챙기고, 옷도 예쁘게 입히며, 매일 선수로 게임에 출전하는 아이를 응원한다.
 그리고 친구들에게 친절을 실천하는 방법으로 '칭찬 일기'를 쓰고 있다.
 매일 저녁 친절을 실천한 세 가지를 일기장에 적기 위하여 낮에 학교와 학원에서 있었던 친구들과의 이야기를 풀어 놓게 한다.
 칭찬 일기장에 "1학년 동생에게 핫팩을 나눠 주었다."고 적었길래 무슨 일이 있었냐고 물어보았다. 아침 등굣길에 추워 보이는 동생이 있어서 핫팩 하나를 나눠 주었는데 동생이 고맙다는 인사를 해서 기분 좋았다고 했다.
 아이는 핫팩을 가방에 몇 개 더 넣어 다니며 추워 보이는 아이가 있으면 또 나눠줄 거라고 했다. 이런 사소한 선행의 실천

경험은 상대방을 배려하고 이해하는 마음을 느끼게 한다.

핫팩을 받은 동생은 아이를 고마운 언니로 기억할 것이다. 선행을 반복할수록 많은 친구에게 좋은 이미지로 기억되어 자연스럽게 인기가 올라가게 되고 아이는 친구들의 마음을 얻는 진짜 인싸가 될 수 있을 것이다.

인싸의 인기는 형식적으로 보여주는 것이 아니라 상대방이 자연스럽게 느끼며 따르는 것이다. 긍정적이고 친절한 행동들이 모여 진정한 인싸가 된다.

"시언아, 칭찬일기 뭐 썼어?"
"음. 동진이한테 춤 잘 춘다고 칭찬해줬어. 동진이는 춤 출 때 요렇게 요렇게 귀엽게 춰."
"지안이한테는 지우개도 빌려줬고, 태권도 학원에서 동진이가 놀려도 화 안 내고 그러지 말라고 타일렀어. 나 잘했지?"
"우리 똥강아지 인기 확 올라가겠는 걸."

2022. 11. 18.

이모 보고 싶다.

이모 보고 싶다.
이러면 안 되는데
이모 보고 싶다.
이러면 늦는데
이모 보고 싶다.
"어? 아침이네."

이모를 끔찍이 좋아하는 아이가 얼마 전 수업 시간에 지은 시다. 주말을 손꼽아 기다려 내일 아침이면 이모를 만나러 가기로 했는데, 이모가 보고 싶어 잠을 못 이루는 아이의 설레는 마음을 잘 표현한 것 같다.

늦은 출산과 함께 시작된 10년 육아와의 전쟁에는 나의 영원한 지원병 동생이 늘 함께했다. 남들은 딸 하나 키우는 걸 가지고 뭘 그리 호들갑이냐고 대수롭지 않게 이야기하곤 하는데 막상 내가 겪고 있는 육아는 하루하루가 전쟁이다.

지나고 보면 별일도 아니지만 적어도 그 순간은 내 새끼 입에 들어가는 밥 한 숟가락이 먼저이고 그 눈에 맺힌 눈물이 어미의 가슴을 울렸다. 워킹맘인 나는 힘들 때마다 동생의 도움을 받았고 아이는 이모 집을 오가며 자라고 있다.

아이에게 이모는 절친이다.

아이가 생각하는 이모는 항상 내 편이 되어 이야기를 귀담아 들어 주고 친구처럼 대답하고 생각도 물어봐 준다. 그래서 매일매일 이모와 함께 있고 싶다.

아이에게 엄마와 이모 중에 누가 더 좋으냐고 물어 본 적이 있다.

눈치 구백 단인 아이가 말을 더듬으며 둘 다 좋다고 했다.

"엄마도 매일 너의 이야기를 들어주고, 너를 위해서 많은 일을 하고 있는데 이모를 더 좋아하면 엄마는 너무 억울할 것 같다."고 했더니, 아이가 하는 말이, "엄마도 내 이야기를 들어

주긴 하지만, 나도 엄마의 긴 이야기를 들어줘야하기 때문에 피곤하다."고 했고 "엄마는 '하지 말라.'는 말을 많이 하고 밤늦도록 숙제를 시켜서 힘들게 한다."고 했다.

지난 가을에 시댁 가족들과 여행을 간 적이 있다.
큰집 조카들이랑 조카의 어린 자녀들까지 함께 바닷가 마을에서 1박을 하고 다음 날 동궁원에 가서 놀다 왔다.
아이가 그 여행이 즐거웠는지 얼마 지나지 않아서 이모를 졸라 동궁원에 다시 갔다. 꼬맹이 조카들이랑 함께 본 동물과 식물들을 이모에게 보여 주고, 그날 점심때 식당에서 맛있게 먹었던 계란찜을 또 먹고 왔다.
아이가 이모 손을 잡고 쉴 새 없이 재잘거리며 동궁원을 누비는 모습이 눈에 선하다. 내 이야기를 잘 들어주고 크게 호응해 주는 친구 같은 이모에게 자기가 보고, 느끼고 온 것을 함께 나누고 싶었나 보다. 이모와 동궁원에서 반나절을 잘 놀고 행복한 얼굴로 돌아와서는 이모랑 자기랑은 눈빛만 봐도 척척 잘 통하는 절친이라고 자랑했다.

왜 이모를 이토록 좋아하는지 생각해 보았다.
이모는 아이의 입장에서 생각하고 아이의 눈높이로 친구처럼 대화한다.

동생은 두 명의 자녀를 키워냈다. 조카들이 어렸을 때는 동생도 여느 엄마들처럼 밤늦도록 학원 숙제를 시키며 공부하라고 잔소리하며 아이를 키웠다. 조카들의 성장 과정을 통하여 엄마의 욕심대로 자라지 않는다는 것을 경험했고 아이의 입장에서 생각하고 답을 찾아야 행복할 수 있다는 것을 알게 되었다고 한다.

아이가 우스갯소리로 "무서운 치과 치료도 엄마 잔소리 듣는 것 보다는 덜 힘들다."고 했다. 별생각 없이 웃고 넘긴 그 이야기가 오늘따라 생선가시가 목에 걸린 것처럼 자꾸만 따끔따끔 아프게 느껴진다.

요즘 들어 나의 고질병인 잔소리가 더 심해졌다. 고장 난 녹음기처럼 잔소리를 반복하며 내 이야기를 하느라 아이의 이야기를 듣지 않고 있다. 아이가 급기야 잔소리쟁이 엄마와의 대화는 아예 포기하고 이야기보따리를 쟁여놨다가 주말에 이모를 만나서 폭풍 수다를 떨려고 그날만 학수고대하고 있다.

내가 잔소리를 많이 하는 이유는 아이와 남편이 내 말을 잘 들어주지 않기 때문에 했던 말을 자꾸만 반복한다.

매일 아침 남편과 아이에게 "빨리빨리"와 "밥 먹어라."를 수도 없이 반복하며 힘겹게 하루를 시작한다. 나는 진짜 바쁘다. 아침에 해야 할 일이 산더미다. 아이의 밥도 많이 먹이고 싶고, 직장이 멀어서 일찍 집을 나서야 한다. 그런데 아이와 남편은 내가 아무리 잔소리하며 호들갑을 떨어도 느긋하다. 나의 "빨리빨리"를 시끄러운 기상나팔 소리라고 생각하며 귀를 막고 소리가 잦아들 때까지 버티고 있다.

나도 이모처럼 아이와 소통하고 싶고, 남편이 나의 이야기를 귀담아들어 줬으면 좋겠다. 습관이 되어버린 잔소리를 줄이고 고쳐야 한다.

왜 아침마다 그렇게 많은 일을 해야 하는지 생각해 보았다.
퇴근하고 집에 돌아오면 몸이 피곤에 절어 소파에 털썩 주저앉아 버린다. 만사가 귀찮다. 아이의 학원 숙제를 겨우 챙기고 나면 배터리가 방전되어 버리고 만다. 저녁에 해야 할 일까지 아침에 한꺼번에 하느라 매일 아침 달리고 또 달린다. 헉헉헉 숨이 턱 밑까지 차오른다.

바쁘고 시간이 없어서 운동을 못한다고 생각했는데 체력이 떨어지고 나서야, 안 바쁘게 살기 위해서는 운동을 해서 체력을 키워야 한다는 사실을 알게 되었다. 체력이 되어야 아이도 잘 키울 수 있다.

퇴근 후 소파에 털썩 주저앉는 나쁜 습관 대신 스쿼터와 플랭크 운동을 다시 시작하려 한다. 아이도 엄마를 따라 몸을 이리저리 오징어처럼 비틀며 플랭크 1분을 재밌게 따라 한다.

엄마에게 아이의 밥은 너무도 중요하다. 출근 전에 조금이라도 더 먹이려고 따라다니며 잔소리에 잔소리를 하고 있는데 방법이 틀린 것 같다. 작전을 바꿔야겠다.

아이에게 밥 먹는 시간을 정해주고 그때까지 밥을 안 먹으면 치워 버린다는 약속을 하자. 그러고는 밥을 안 먹으면 진짜 치워 버리자. 아이는 이제 더 이상 어린아이가 아니다. 대화로 충분히 이해시킬 수 있는 나이로 성장했다. 밥 문제는 잔소리가 아닌 대화로 풀어야 아이가 스스로 숟가락을 들게 된다.

아이의 밥 문제가 해결되고 아침 시간이 여유로워지면 잔소리가 저절로 줄어들게 될 것이다. 이제부터는 이야기를 잘 듣는 연습을 해야 한다. 잘 들어야 이해하고 공감할 수 있기 때문이다.

아이는 벌써 사춘기라는 단어도 쓰고 "엄마는 아무것도 모른다."는 말도 자주 한다. 사소한 말에 잘 삐지고 눈물도 흘린다.

아이와의 소통이 갈수록 더 힘들어진다.

피아노 학원에서 수업을 이틀이나 빠졌다고 전화가 왔다. 그런데 아이는 시치미를 뚝 떼고는 아무 일도 없었던 것처럼 놀다가 제시간에 집에 돌아왔다. 왜 학원에 안 갔냐고 따지고 물으니, 그제야 동균이랑 같이 공부하기 싫어서 안 갔다고 했다. 작년부터인가 동균이와 동생 서진이가 놀리고 못살게 군다고 했던 게 기억이 난다. 동균이 부모님을 잘 알고 있고 동균이 형제도 오래전부터 봐오던 터라 별걱정 없이 듣고 넘겼다. 아이는 나에게 몇 번이나 동균이 이야기를 했었는데 그냥 한 귀로 듣고 한 귀로 흘려버렸다. 내 기준에서는 중요하지 않아 보였다. 지금 생각해 보니 그건 내 생각일 뿐이었는지 모른다.

공자님 말씀에 기소불욕(己所不欲) 물시어인(勿施於人)이 있다.

내가 중요하게 생각하는 것을 상대방도 똑같이 중요하게 여겨 주기를 바라듯이 나 또한 상대방이 중요하게 생각하는 것을 똑같이 중요하게 대해 줘야 한다는 뜻으로 아이의 입장에서 이야기를 제대로 끝까지 잘 들어보아야 그 상황을 이해할 수 있고 역지사지의 마음으로 그 중요함을 깨달을 수 있다.

그렇게 해야만 아이가 좋아하는 피아노도 계속 배우고 동균이와도 잘 지낼 수 있게 엄마가 도와 줄 수 있다.
 "시언아. 주말에 이모 만나면 뭐하고 놀거야? 이모 만나러 엄마랑 같이 갈래? 엄마도 이모가 보고 싶어."

2023. 1. 27.

엄마 몇 살이야 2

"엄마. 괜찮아?"
"…"
"약 먹을래?"
"응."
"자. 물 여기 있어.
약은 순서대로 먹어야 해.
보라색 캡슐 약이 1번이야. 자~
2번은 하얀색 캡슐. 자~
3번은 큰 흰색 동그란 약. 자~
마지막은 작은 노란색 동그란 약이야. 자~
아이코. 우리 엄마 약 잘 먹네."

아픈 엄마를 살뜰히 챙기며 혼자 수학 숙제를 하는 아이는 더 이상 내가 육아가 힘들다며 징징거리던 그 어린 꼬맹이가 아니었다.

나는 어제 성형외과에 갔다가 얼떨결에 눈밑지방재배치 수술과 얼굴과 목 구석구석에 보톡스와 필러 시술을 하고는 초주검이 되어 돌아왔다.
예쁘게 생긴 상담사가 시술하고 나면 자기처럼 예뻐진다고 했는데 예뻐지기는커녕, 눈은 드라큘라처럼 빨갛게 충혈되고 얼굴은 퉁퉁 부어 코와 입이 단추만 하고 턱은 뾰족한 마귀할멈이 되어버렸다.

나는 요즘 갱년기를 심하게 겪고 있다. 밥을 든든히 먹었는데도 자꾸만 배고픈 것처럼 허전하고 우울하고 심술이 난다. 초저녁에는 잠이 쏟아지고 새벽에는 잠이 잘 안 온다. 건망증도 심해진 것 같고 올해 들어 얼굴 살은 더 빠지고 뱃살은 더 쪘다. 거기다가 결정적으로 주름이 많이 생겨 버렸다.
집에 나이로 53살, 무르익은 중년이다. 늙음을 받아들일 나이임에는 틀림이 없는데 자꾸만 억울하다는 생각이 든다.
아이에게 좀 더 젊은 엄마로 남고 싶어서 성형외과를 기웃거리다가 결국 어제 대형 사고를 치고 말았다.

늙음을 원망하고 싫어한들 자연의 섭리를 어찌 피할 수 있단 말인가? 내가 괜히 호들갑이지 아이는 늙은 엄마가 부끄럽거나 싫다고 말한 적이 없다.

사라져가는 젊음을 아쉬워하기보다 아이의 성장이라는 찬란한 무대를 준비하며 같이 성장하는 건 어떨까?
아무리 노력해도 지금보다 10살, 20살 더 젊은 엄마가 될 수는 없다.
나는 아이를 낳아 키운 10년을 열심히 살아왔다. 내가 나이를 먹은 만큼 내 아이도 똑같이 나이를 먹었다. 내가 늙은 만큼 내 아이는 성장해서 말과 행동 그리고 외모가 의젓해졌다. 아픈 엄마를 챙기는 마음 따뜻한 우리 아이를 생각하면 뿌듯하고 감사한 마음이 든다. 나의 10년은 그냥 흘려보낸 10년이 아니라 아이를 성장시킨 보람의 시간이었다.

초등학교 1학년 막 입학했을 때의 일이다.
아이는 혼자서 건널목도 못 건널 정도로 스스로 할 수 있는 일이 없었고, 엄마도 알림장에 빼곡히 적힌 준비물과 전달 사항들을 제대로 챙기지도 못할 만큼 정보에 약하고 서툰 왕초보 학부모였다.

한 달이 가고, 두 달이 가고, 1학기가 가고 그러다가 아이는 1년을 버티면서 친구도 사귀고 동네도 누비며 눈빛이 여물어 갔다.

2학년 때, 아이는 '희망 사다리'라는 이름으로 1년짜리 나머지 공부를 했다.

처음에는 예쁘고 귀엽기만 한 우리 아이가 마치 문제아인 것처럼 담임선생님께서 말씀하셔서 속이 많이 상했다. 그러나 선생님의 특별 지도를 받으면서 국어 과목을 좋아하게 되었고 잘하게 되었다.

여전히 수학은 잘 못했지만, 태권도를 좋아하고 친구들과 잘 어울려 놀며 건강하게 보냈다.

3학년인 아이는 꾸준히 책을 읽고 있다.

글밥이 늘고, 말의 표현이 다양해지면서 책 맛을 알아가는 것이 느껴진다.

아이는 독서의 영향으로 학교 공부도 잘하게 되었다.

아이는 밝고 건강하게 잘 자라고 있다. 엄마도 스피치 학원에 다니기 시작하면서 사람들과의 관계도 좋아지고 업무 능력도 좋아졌다. 그러나 지난해부터 급격히 체력이 떨어지면서 갱년기라는 강력한 핑계를 만들고는 시간이 없다며 운동과 글쓰기를 게을리 하고 있다.

아이는 이제 혼자서 목욕도 하고, 옷도 챙겨 입을 만큼 컸다. 분명 엄마의 역할이 줄었는데도 나는 더 바쁘고 더 피곤하다.

왜 그럴까?

진짜 갱년기라서 그런 걸까?

어떻게 하면 다시 에너지가 생길까?

아이가 6살 때쯤 나는 우울증을 심하게 앓았다. 그때도 체력이 바닥에 떨어져 있었다. 그 힘든 시기를 이겨낼 수 있었던 것은 스피치 학원에 다니게 되면서 배움에 몰두하느라 바빠서 우울할 틈이 없어져 버렸기 때문이다.

엄마가 행복해야 아이도 행복한 아이로 키울 수 있다.

우울증을 슬기롭게 잘 이겨낸 것처럼 갱년기도 운동과 배움을 통하여 이겨내려고 한다.

동화책 읽어주는 봉사 활동에 참가하면서 마음의 양식인 책을 읽지 않으면 마음이 고파져 예민해지고 짜증이 나는 증상과 지금 내가 밥을 먹었는데도 자꾸만 배가 고픈 것처럼 허전하고 우울하고 짜증이 나는 갱년기 증상이 비슷하다는 사실을 알게 되었다.

그렇다면 갱년기를 극복하는 최고의 방법은 독서가 아닐까? 아이와 책을 같이 읽고, 책을 통하여 소통하면 좋을 것 같은데, 나는 시력이 아주 나빠 책 읽는 게 쉽지 않은 형편이다. 아이러니하게도 시력이 나빠 책 읽기가 힘들어지고 나서야 책의 중요성을 알게 되었고 책이 더 읽고 싶어졌다.

우연히 아이가 재밌게 읽은 조지오웰의 '동물농장'을 펼쳐 보았는데 큰 글씨가 나를 설레게 했다. 아이의 큰 글씨 책을 함께 읽으면 좋겠다는 생각이 든다.

아이에게 전해 들은 줄거리와 감상평을 직접 느껴보고 이야기도 나누어 보고 싶다.

아이는 엄마가 집을 비우는 날을 손꼽아 기다리며 "자유 시간을 가지고 싶다."고 한다. 내가 몇 마디 안 했는데도 "또 잔소리한다."며 손으로 귀를 막는 나이가 되어 버렸다.

아이가 10살이면 엄마도 10살 아이의 엄마가 되어야 한다. 이제는 아이와 엄마의 거리를 한 발짝 정도 띄우고 아이가 할 수 있는 일은 스스로 하게 해야 한다. 그래야 허겁지겁 쫓기기만 하는 시간의 미로에서 헤어날 수 있다.

내가 사용할 수 있는 시간을 확보해야 운동과 배움을 통하여 갱년기 스트레스를 극복하고 아이와 함께 오래도록 웃을 수 있기 때문이다.

젊고 예쁜 엄마는 처음부터 내 몫이 아니었다.
이제는 내면이 아름다운 엄마에 도전해 보려 한다.
아이와 같이 책 읽고, 글 쓰며 아이와 공감하는 그런 엄마가 되고 싶다.

"시언아. 수학이랑 영어책 왜 안 가져왔어? 숙제는 안 해?"

"태권도 학원에서 숙제 다 했어. 잊어버리고 책을 안 가지고 온 거야."

"와! 우리 시언이가 태권도 학원에서 숙제를 다 했단 말이지. 대단해. 대단해. 이제는 엄마가 잔소리 안 해도 혼자서 척척 잘 하네. 호호호."

나는 자연스럽게 큰 글씨 책을 펼쳐 든다.

2023. 8. 29.

내 자식은 나나 예쁘지.

순천만 국가정원박람회에 다녀온 늦은 시간.
카톡에 올라온 여행지에서 찍은 사진을 확인하다가 얼굴이 화끈 달아오르는 사진 몇 장을 발견하고는 순천만 습지의 행적을 CCTV를 돌려보듯 되짚어 보고 있다.
이번 여행은 '리사사'라는 모임의 회원들만 간 여행으로, 회원들의 배려로 회원이 아닌 우리 아이가 동행하게 되었다. 순천만 국가정원박람회는 몇 년 전부터 아이와 꼭 한번 가보고 싶었는데 거리가 멀어서 기웃거리기만 하던 터에 좋은 기회라 기쁜 마음으로 따라나선 것이다.
문제의 사진은 여행을 기념하기 위해서 모임의 소조직인 분과별로 찍은 사진에 회원도 아닌 우리 아이가 엉거주춤 사람들

틈에 끼지도 못하고 서 있는 사진이다. 엄마가 분위기 파악도 못 하고는 여행 분위기에 취해서 분과별로 찍는 사진마다 아이를 같이 찍게 해서 남의 사진을 다 망쳐놓은 것이다.

아이를 낳고 육아휴직 복직 후 나는 직장에서 사람들과 어울리지 못하는 소통 불능의 힘든 시간을 보냈다.

사람들이 내 이야기를 안 들어 준다고 생각했는데 지금 생각해 보니 내가 남의 이야기를 안 들었던 것 같다.

그 시절 내 머릿속에는 온통 아이 생각으로 꽉 차 있었다. 처음 경험해 보는 육아는 너무도 힘들었고, 아이의 행동 하나하나가 신기하고 예뻐서 나도 모르게 쉴 새 없이 아이 이야기를 늘어놓았다.

내 자식은 나나 예쁘지. 아이를 안 키우는 사람은 내 이야기가 지겹고 듣기 싫었을 것이다. 옆자리의 동갑내기 노처녀 김 주사가 왜 나를 그렇게 싫어했는지 이제야 이해가 된다.

내 눈에는 내 아이가 무대의 중심에 우뚝 서 있는 멋진 주인공처럼 보이지만 남의 눈에는 그냥 조연일 뿐이다.

내 자식은 내가 낳고 내가 키워 나한테만 특별한 존재이다.

그 특별한 마음을 다른 사람도 똑같이 느끼고 있다고 착각하고 무례하게 행동하는 부모들이 적잖이 있다. 내 입장에서만 생각하고 타인의 입장에서 생각하지 않기 때문에 그런 오류를 범하는 것이다.

　내가 여행지에서 한 행동도 같은 이유에서 사람들을 불편하게 한 것이다.

　친정엄마가 자주 하시던 말씀 중에 "내 새끼 속으로 귀여워해라."고 하셨는데 자기 자식을 사랑하지 않는 사람이 있을까? 타인을 배려한 도를 넘지 않는 자식 사랑을 표현하라는 뜻으로 그 가르침이 온몸으로 와 닿는다.

우리 사무실에는 다행히 아이를 키우는 엄마가 몇 명 있어서 육아 이야기를 자주 하는 편인데 이제는 좀 줄여야겠다는 생각이 든다.

내 자식 이야기는 언제 해도 베스트 특종이지만 듣는 상대방도 과연 그럴까?

어쩌면 상대방이 인상을 찌푸리는데도 내가 모르고 계속 아이 이야기를 늘어놓고 있지는 않는지, 내 이야기를 하느라 남의 이야기를 듣지 않고 있는 건 아닌지, 잘 살펴야 한다. 나는 사람들 틈에서 사람들과 어울려 즐겁게 살고 싶다. 내 아이도 그렇게 되길 바란다. 그러려면 공감 능력과 배려심이 중요하다.

공감하는 대화를 하려면 상대방의 상황이나 기분을 함께 공유할 수 있는 주제로 이끌어야 한다. 그러기 위해서는 내가 하고 싶은 말만 하지 말고 상대방의 이야기를 잘 듣고 그 사람이 원하는 것이 무엇인지 파악하여 공감할 수 있는 대화를 하려고 노력해야 한다.

항상 머릿속에 "내 자식은 나나 예쁘지. 다른 사람 눈에는 조연일 뿐이다."는 생각을 잊지 말고 말하고 행동해야 한다.

내 아이만 특별하다고 생각하고 행동하는 부모 밑에서 자란 아이는 자신이 특별한 존재라도 되는 듯 착각하여 안하무인 예의 없는 사람으로 성장할 가능성이 크다.
 잘못된 부모의 행동이 아이를 삐뚤어지게 만들어 버리기 때문이다.

 눈에 넣어도 안 아픈 내 딸 시언아.
 엄마는 우리 딸을 너무너무 사랑해.
 딸바보 엄마가 이제부터는 좀 더 품격있게 우리 딸을 사랑해 줄게.

2023. 11. 3.

변신! 고양이 도도

도도는 하루 종일 꼼짝도 하지 않고, 먹고 잠만 자는 게으름 뱅이 고양이다. 주인아줌마가 쉴 새 없이 맛있는 음식을 주고, 산책할 때도 도도를 안고 다녔기 때문에 도도는 아무것도 할 필요가 없이 몸무게만 점점 불어나게 되었다. 이를 보다 못한 마을 고양이들은 한 달 안에 생쥐 백 마리를 잡아 오지 못하면 마을에서 쫓아내겠다고 경고하게 된다. 이 동화책은 도도의 눈물겨운 노력을 통하여 진정한 고양이의 모습을 찾아가는 내용으로 자신감과 노력 그리고 끈기를 이야기한다고 후기에 많이 적혀 있지만, 내가 느낀 것은 동기부여에 대한 중요성이다. 절실한 동기를 부여할 때 끊임없이 노력할 수 있는 힘이 생겨 포기하지 않고 끝까지 달려갈 수 있기 때문에 원하는 바를 이룰 수 있다.

퇴근 후, 아이에게 저녁을 먹여 씻으라고 욕실에 들여보내고 나서 둘러보니, 거실 바닥에는 뱀이 허물을 벗어 놓은 듯 아이의 옷가지들이 널브러져 있고, 소파 위에는 책가방이 반쯤 입을 벌리고 졸고 있고, 아이의 방 책상 위에도 학용품과 책들이 어지럽게 쌓여 있다.

아이가 1학년 가을 쯤, 나는 아이의 방을 만들고 예쁜 책상과 침대를 들여놨다. 그때부터 정리 정돈하는 습관을 들이기 위하여 많은 노력을 했는데도 아이는 여전히 "좀 있다 치운다."고 입버릇처럼 말만 하고는 치우지 않는다.

왜 아이는 정리 정돈을 하지 않는 걸까?

절실한 동기부여는 목표를 향해 나아갈 수 있는 엔진을 다는 것과 같다.

막연히 세운 계획은 실천으로 옮겨 좋은 결과를 만들어 내기 어렵지만, 자신에게 절실한 이유가 있는 계획은 자동차에 엔진을 달아 놓은 것처럼 그 절실함이 동력이 되어 쉼 없이 앞으로 나아가게 한다.

편안함에 길들여져 있던 고양이 도도는 계속 게으름을 피우면 집에서 쫓겨난다는 경고를 받고서야 그 절실함을 이유로 힘듦을 참아내고 열심히 노력하여 결국 진정한 고양이의 모습을 찾을 수 있게 된 것이다.

아이도 고양이 도도처럼 엄마가 다 해 주니까 아쉬울 게 없어서 정리 정돈을 안 하고 있다. "하라."고 하면 "하겠다."고 하고, "같이 하자."고 하면 "알겠다."고 말만 한다. 보고 있자니 속이 터져 잔소리가 절로 나온다.

자주 놀러 가는 지인의 사무실에는 정리 정돈이 정말 안 되는 젊은 직원이 있다.

민망할 정도로 책상 위에 서류를 산처럼 쌓아 어지럽혀 놓고는 정작 자신은 아무렇지도 않게 고객과 매일 상담을 하고 있다. 번번이 서류를 잊어버려 곤욕을 치르는데도 치울 생각을 안 한다.

지인이 정리 좀 하라고 하면 우리 아이처럼 하겠다는 시늉만 하고는 하지는 않는다.

그 직원의 부모는 어떻게 저렇게 가르쳐 놓았나 원망스러울 정도로 캐비넷이며 컴퓨터 파일이며 다 엉망이다.

그 모습을 바라보다가, 우리 아이의 20년 후 모습을 상상해 보고는 정신이 번쩍 들었다.

정리 정돈에 대한 습관을 어릴 때부터 바로잡아야 한다는 절실한 이유를 찾고는 아이에게 이야기 해줬더니 시큰둥 재미없다는 표정이다.

이 이유는 엄마에게만 절실할 뿐이다.

아이가 정리 정돈을 해야 하는 절실한 이유는 도대체 뭐가 있을까?

우리는 몇 달 전에 10년 넘게 살던 아파트를 팔고 새 아파트로 이사를 왔다.

그전 아파트는 아이가 태어나기도 전에 새 아파트를 분양받아서 살기 시작했는데, 내가 원래 정리 정돈이 안 되는 사람인 데다가 주말부부로 혼자 어린아이를 키우다 보니 청소할 여력이 없어서 진짜 지저분하게 살았다.

아이가 커 갈수록 엄마를 닮아 정리 정돈이 안 되는 사람으로 자라면 어쩌나 걱정도 되고, 이사 계획도 있고 해서 집을 직접 치워보려고 시도는 많이 해봤지만 제대로 치우지도 못하고 스트레스에 시달리다가 결국 정리업체의 힘을 빌려 집을 정리하게 되었다.

매일 조금씩 치우면 깨끗한 환경에서 살 수 있다는 것을 값

비싼 경험을 통하여 깨달은 엄마는 깨끗한 집을 유지하기 위해 노력하는 사람이 되었다. 그러나 아이는 여전히 청소에는 관심이 없다.

우리 아이는 청소에 대한 엄마의 흑역사를 다 보며 자랐다. 제사 때문에 집에 손님이라도 올라치면 한 달 내내 끙끙거리며 이모까지 대동해서 대청소했고, 아이의 방이 된 창고 방은 문이 안 닫힐 정도로 택배 박스와 물건들로 꽉 차 있었다. 어린이집 친구들을 집에 초대하고 싶다고 말했을 때 엄마는 절대 안 된다고 딱 잘라 말하며 길고 긴 변명을 늘어놓았다.

나는 아이에게 그 힘들고도 슬픈 이야기를 하며 설득했다. 집을 지저분하게 관리하는 것은 부끄러운 일이라고 말해주었다. 사용한 물건을 그때그때 제자리에 두는 것이 제일 중요하고, 매일 잠들기 전에 사용한 물건들을 정리하면 된다고 알려 주었다.

다음 주 금요일, 엄마가 다니는 학원의 글쓰기반 선생님들을 우리 집에 모두 초대했다는 사실을 알려주며 청소를 같이하자고 제안했고 아이는 약속을 잘 지키며 방과 거실의 자기 물건들을 깨끗이 정리 정돈하고 있다.
"시언아. 우리 집에 원장 선생님도 오시고, 선영쌤, 수련쌤도 오실 거야. 종한쌤도 오는데. 어지럽혀진 네 방을 보면 무슨 생각이 들까? 팬클럽에서 다 탈퇴하고 싶을걸."
"……"
"스피치학원 사람들은 전부 너를 얼마나 예쁘게 보는데… 아마도 생각했던 모습과 달라 혼란스러울 거야. 청소 좀 하는 게 어때?"
"……"
"우리 청소 같이할까? 넌 네 방이랑 거실에 있는 네 물건들을 치울래? 난 부엌이랑 화장실을 청소할게."

"그래 좋아."
"시언아. 손님들 올 때까지 깨끗하게 유지해야 하는 거 알지? 매일 정리해야 해?"

10살 아이는 "하라."는 지시에 고분고분 따를 나이가 아니다. 왜 그것을 해야 하는지 아이가 이해할 수 있는 이유를 찾아주고, 그것을 하지 않았을 때 일어날 일을 알려 주며 공감을 얻어야 한다.

2023. 11. 17.

책을 좋아하는 아이

지난 연말에 아이가 학교에서 독서 표창장을 받았다.

학년 초에 '독서올래'라는 작은 독서 기록장을 담임 선생님께서 나눠주며 읽은 책을 기록하도록 지도하고 읽은 책의 수에 따라 연말에 금장, 은장, 동장이라는 칭호를 부여하는 이벤트와 함께 금장에게는 독서 표창장을 수여한 것이다.

게임의 형태로 진행하다 보니 아이들이 처음에는 솔깃해서 책을 많이 읽지만, 꾸준히 하기란 쉬운 일이 아니다. 얼마 못 가서 책 읽는 속도가 느려지다 포기하는 아이들이 많아졌다.

저학년 때는 엄마들의 큰 관심과 담임 선생님이 '독서올래' 적어 오기를 숙제로 내기 때문에 아이들이 책을 많이 읽지만, 고학년으로 갈수록 관심도가 떨어지는 게 현실이다. 그러나 우리 아이는 1~2학년 때보다 3학년 때 책을 훨씬 더 많이 읽었고 책 읽기를 좋아하게 되었다.

나는 지난해 초등학생들을 대상으로 동화책을 읽어주는 자원 봉사를 했다. 엄마는 교사로, 아이는 학생으로 참가 하면서 아이가 책을 많이 읽게 되었다.

그곳에서도 '독서올래'처럼 읽은 책을 독서 기록장에 기록하게 하는 방법으로 독서를 꾸준히 하도록 지도하여 책 읽는 습관을 들여주는 게 목적이다.

학교에서 진행하는 '독서올래'와 엄마의 동화책 읽어주는 프로그램이 목적과 방법은 비슷한데 왜 엄마의 동화책 읽어주는 프로그램을 통하여 아이가 책을 훨씬 더 많이 읽고 책을 좋아하게 된 것일까?

그 이유는 프로그램의 적극적인 참여도에 있다고 본다.

아이의 입장에서 생각해 보면 우리 엄마가 옆 반 선생님이라니 이 얼마나 신나는 일인가? 게다가 내가 좋아하는 엄마 친구가 우리 선생님이고 친구들 앞에서 책 많이 읽어 왔다고 폭풍 칭찬을 해 주는데 이런 재밌는 놀이가 또 있을까?

아이는 한 달에 한 번 하는 동화책 읽어주는 날을 손꼽아 기다린다. 그곳에 가면 친구도 있고, 아는 언니도 있고, 선생님들도 다 아는 사람들이다. 아이는 엄마와 함께 독서 기록장에 책 읽은 숫자를 게임 점수를 올려가듯 차곡차곡 쌓으며 칭찬의 포상을 기대한다.

 엄마는 책 이야기만 나오면 신이 난다. 아이가 책을 많이 읽고 표창장을 받은 것도 자랑스럽지만 그 과정에 나의 노력이 더해졌다는 게 더 큰 보람으로 느껴진다.
 아이도 엄마도 동화책 읽어주는 프로그램을 게임하듯 제대로 즐기고 있다. 아이는 엄마가 이번 달에는 무슨 책을 준비하는지 궁금하다. 도서관에 가서 책을 같이 고르고는, 나란히 앉아 한 페이지씩 번갈아 읽으며 재밌게 읽는 방법에 대하여 조언을 아끼지 않는다. 엄마도 아이가 읽은 책에 관심을 가지며 읽은 책 내용을 물어보고 칭찬도 해주며 다음에 읽을 책을 찾아 챙기게 된다.

 보람은 내가 최선을 다해서 그 결과를 이루어 냈을 때 더 크게 느껴진다.
 동화책 읽어 주는 봉사활동에 대한 보람은 아이와 함께 참가했기 때문에 더 큰 것 같다. 다른 교사들과는 다르게, 한 달 내

내 아이에게 책을 읽히고 독서기록장을 관리하며 그 프로그램에 적극적으로 참여했기 때문에 더 특별하게 느껴지는 것이다.

보람이 주는 선물은 어떤 어려움에도 지치지 않고 다시 일어서는 오뚝이처럼 긍정적이고 적극적인 마음을 갖게 해주는 것이다.
나의 노력으로 좋은 결과를 이루어 낸 성취감이 '할 수 있다.'는 자신감을 불러오기 때문이다.
지난해 동화책 읽어주는 봉사활동을 시작할 때, 시력이 나빠서 내가 그 일을 해낼 수 있을까 하는 걱정으로 많이 망설였다. 그러나 걱정과는 달리 잘 해냈고, 아이들의 독서 습관들이기에 좋은 영향을 미쳤다는 뿌듯함으로 올해도 계속해서 봉사활동을 이어갈 용기를 내게 되었다.

보람을 경험하고 나니, 책 읽기가 힘들기는 하지만 책을 못 읽을 만큼 시력이 나쁜 것은 아니라는 긍정적인 생각과 함께, 하는 데까지 해보자는 적극적인 마음으로 바뀌었다.
다른 일도 내가 잘 해낼 수 있을 것 같은 생각이 든다. 힘들게 누르고 있던 육아와 일에 대한 부담이 좀 가벼워진 것 같고 해 볼 만하다는 생각마저 든다.

보람도 중독처럼 또 다른 보람을 만들며 나를 더 멋진 나로 변화 시켜간다.

아이와 함께 동화책 읽어주는 봉사활동을 통하여 내 아이뿐만 아니라 많은 아이에게 책 읽는 습관들이기를 실천하며 그 보람으로 더 멋진 엄마로 거듭나려 한다.

2024. 1. 26.

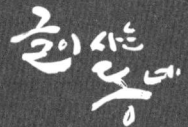

쉬어가는 시간

프로그램을 통해서 많은 걸 느낄 수 있었다.
'나 자신이 얼마나 소중한 존재인가'라는 것을.
(본문 중에서)

이종한

표현 하고 싶었다.
첫 번째는 생각으로
두 번째는 말로
세 번째는 글로

내 안의 나를 찾기위해
글을 쓴다.

이종한

쉬어가는 시간
최소한의 권리를 위하여

쉬어가는 시간

우연히 일어난 교통사고로 3주간의 병가가 주어졌다.

첫날은 병원에 입원하여 링거를 맞고 쉬었다. 쉬는 내내 안절부절 못하고 불안했다. 과연 마음 놓고 쉬어도 되는지 의문이 들었다. 왜냐하면 평소에는 아무리 몸이 아파도 출근해서 근무를 했었는데 교통사고로 인해 쉬게 되었기 때문이다.

친구에게 전화를 해서 집으로 들어가는 길에 차량 접촉 사고가 일어났다고 했다. 친구는 다친 곳은 없냐고 물어왔다. 사고의 충격으로 목과 허리가 뻐근하다고 했다. 그러자 입원한 김에 하늘이 주신 기회라 생각하고 눈치 보지 말고 치료 받으면서 푹 쉬라고 했다. 그제서야 마음 놓고 쉬어도 된다는 안도감이 들었다.
 누군가에게 확인을 받고서야 쉴 수 있는 사람,
 사고로 몸이 아파서 쉬는데도 주위 눈치를 살피는 사람,
 난 그런 바보 같은 사람이다.

 과거 7년 이상 근무한 회사를 퇴사하고 한동안 불안한 생활을 한 적이 있다.
 마음은 초조해지고 무엇을 어떻게 해야 할지 몰랐다.
 미래에 대한 막연한 불안감에 휩싸여 걱정만 앞서 있었다.
 고생한 나 자신을 오롯이 생각하지 못했다.

 '왜 일까?' 나 자신에게 질문을 던져 본다.

 첫번째, 나 자신을 항상 을이라고 생각하며 살진 않았을까?
 퇴사 후 고생한 나를 위해 사촌 형이 살고 있는 베트남으로 여행을 갔다. 처음이라 혼자 가기 두려워서 사촌 형 친구랑 같이 갔다. 하노이 공항에 자정이 넘어서 도착했다. 밖으로 나오니 동남아 특유의 습한 날씨와 야자수가 바람에 날리고 있었다. 새벽이라 어두워서 잘 보이지 않았지만, 마음만은 홀가분했다.

나를 알아보는 사람이 없는 곳에서 자유를 느낄 수 있었다.

다음날 관광지를 구경하고 지친 심신의 피로를 풀기 위해 마사지를 받았다. 한 번도 나 자신을 위해 이렇게 까지 해본적이 없었다. 이런 호사를 누려도 되는지, 나 자신에게 너무 미안했다. 왜냐하면 마사지는 부유한 사람들이 받는 것으로 생각했기 때문이다.

일상적인 모습일 수 있는데 단지 해외라는 이유로 사치스러운 행동이라 생각한 것이다. 그러고 보니 너무 세상 물정을 몰랐다. 우물 안 개구리처럼 갇혀 살았다. 일에만 너무 몰입한 나머지 다른 생활은 보이지 않았다. 생각해 보면 일은 내가 살아가기 위한 한 가지 수단인데 그것을 전부라고 믿고 행동했다. 어찌 보면 당연했을지 모른다. 회사에 출근하면 자정이 넘어서야 퇴근을 했고, 기숙사에 돌아오면 씻고 잠자기에 바빴다. 이런 날들이 반복의 연속이었다. 쉬는 날이면 거의 종일 잠만 잤었다. 여가생활, 취미활동은 엄두도 낼 수 없었다.

회사에서 지시하는 대로 움직였다. 거절한 적은 거의 없었다. 그러다 보니 난 항상 시키는 대로 행동하는 을이었다.

두번째, 나 아니면 안 된다는 생각으로 책임감을 다 짊어지지 않았을까?

회사에서 자재 관련 업무로 시작했다. 사무실에서 공장을 수시로 오가며 자재 발주, 입고, 출고, 납품까지 바쁘게 움직이며 배워 나갔다. 생산에서 완성품을 출고하는 날이면 마감 시간이 다 되어서야 납품을 했다. 원청에서는 매번 퇴근시간이 다 되어서야 온다고 짜증을 내며 온갖 욕설을 퍼부었다. 납품 전표 처리를 해야 하는 나로서는 고스란히 안고 갈 수밖에 없었다. 고개를 푹 숙이고 죄인처럼 '죄송합니다.' 라는 말을 수십 차례 되풀이 하며 참고 견뎌냈다. 왜냐하면 맡은 바 업무에 최선을 다해야 하기 때문이다.

납품을 하면서 자연스럽게 원청에 파견근무를 하게 되고 A/S 업무까지 범위가 넓어지면서 어깨가 무거워져 갔다.

원청에서 출고가 있을 때에는 밤을 꼬박 새워 작업하는 날들이 많아졌다. 뜬눈으로 검사관에게 재검사를 하는데 갑자기 엄지손가락에서 시원함이 느껴졌다. 바늘 구멍 만한 상처에서 피가 조금씩 흘러나오고 있었다. 알고 보니 정신이 없어서 감전이 된줄도 모르고 있었다. 검사관이 괜찮냐고 여러번 물었다. 괜찮다고 답했다. 혹시나 회사에 누가 될까봐, 조용히 넘겼다. 시간이 지나고 생각해 보니 회사를 위한 애사심과 책임감 때문이었던 것 같다. 어디에서 그런 용기가 났는지 모르겠다.

회사에서 처음 시작한 자재 업무는 회계와 관련되어 있다. 월

말이면 발주서와 전표를 꼼꼼하게 확인해야 한다.

실수는 용납이 되지 않았다.

왜냐하면 실수하게 되면 틀린 것만 찾는 것이 아니라 원점에서 다시 시작해야 하기 때문이다. 그만큼 중요하다는 것을 깨달았다. 그렇게 납품까지 하면서 매출액 및 전반적인 사용내역까지 알게 되었다. 아는 것이 많아질수록 그에 따르는 책임은 커져갔다. 파견근무는 나 하나의 잘못으로 회사의 이미지는 물론이고 직원들에게도 피해가 갈 수 있다. 매사에 신중하게 생각하고 행동했다. 주인의식을 가지며 누구보다 빠르게 문제를 해결해 나갔다. 그에 따르는 부작용은 있기 마련이다. 때로는 천천히 쉬어가야 한다. 하지만 난 완벽하게 해야 한다는 강박관념에 사로잡혀 있었다. 그러다 보니 지지 않아도 되는 짐까지 짊어지며 책임을 다하려고 애썼던 것이다.

하노이에서 일정이 마무리 되는 날 짐을 정리하고 있었다.

갑자기 사촌 형이 하노이에서 느낀 점을 물어왔다. 어렸을 때 한국의 시골이랑 비슷하다고 했다. 아스팔트 도로가 아닌 비포장도로이고 한적한 나무들 사이로 띄엄띄엄 집들이 있었다.

편안하고 여유롭게 느껴졌다.

학창 시절부터 나 자신보다는 남의 눈치를 보며 살아왔다.

가능하면 눈에 띄지 않게 조용히 행동했다. 타인을 만날 때면 한 걸음 다가가지 못하고 혹시나 피해를 주지 않을까라는 생각에 두 걸음 뒤에 있었다. 이런 날들이 반복되었다. 그리고 매사에 소극적으로 대처했다. 시간이 지나면 지날수록 나만의 보이지 않는 틀에 갇혀 버렸다. 이런 내성적인 모습이 나 자신을 한없이 낮춰 보이게 했고, 부족한 사람이라 느끼게 했다. 나 스스로 을로 만들어 버린 것이다.

지시하는 대로 행동하는 피동적인 자세, 좋은 게 좋은 것이라 생각하고 나에게 희생을 강요하고 충분한 의사전달을 하지 못하는 답답함, 모든 것을 내 탓으로 돌리는 사고습관 그리고 나 아니면 안 된다는 생각이 습관처럼 베어 있었던 것이다.

그런 습관이 누군가를 만날 때면 나도 모르게 움추리고 굽신거리는 자세가 되어버렸다. 그리고 구부정하게 고개를 숙이고 시선은 바닥을 보는 날들이 많았다. 이런 날들이 나 자신을 한없이 궁지로 몰아갔다.

이러다가 큰일이 날 것 같은 생각이 들었다.

주위의 지인들 마저도 '어깨 좀 펴고 당당하게 다녀라.'라고 말한다. 나 자신도 인지하고 있지만 쉽게 고쳐지지 않았다. 간혹 신경 써서 어깨를 펴 보기도 했지만, 일회성으로 그때 뿐이었다. 마음으로만 다짐하고 행동은 항상 제자리 걸음이었다. 왜냐하면 지금의 나를 이렇게 만든 내면의 문제를 모르고 있었기 때문이다. 누군가의 도움없이 나 혼자 하기에는 한계가 있었다. 지인을 통해 알게 된 김대성스피치학원에 등록을 했다. 기본과정을 시작하며 나 자신의 민낯을 공개했다. 처음 보는 사람들 앞에서 고개 숙이며 나의 소개를 했다. 목소리는 기어들어 가고 무슨 말을 했는지 기억은 잘 나질 않았다. 하지만 발표를 했다는 게 변화를 시작하는 첫걸음이었다. 차근차근 해보기로 했다. 발성방법, 시선처리 등 프로그램을 열심히 배워 나갔다. 혼자 심야의 거리를 걷고 있을 때 발성 연습을 했다. 지나가는 사람이 봤다면 아마도 나를 정신 나간 사람이라고 생각했을지 모른다. 그만큼 나는 간절했다.

공부하는 과정 내내 몸에 밴 습관들은 잘 고쳐지지 않았다.
특히 구부정한 자세가 힘들었다. 원장님을 비롯한 함께 공부하는 동기생들이 끊임없이 지적을 해 주었다. 경각심을 가지고 고쳐보려 했지만 자세는 하루아침에 되는 것이 아니었다. 나름의 방법을 강구했다. 인터넷을 찾아보니 자세 교정 밴드라는것이 있었다. 처음 착용해 보니 어깨와 겨드랑이 부분이 땀이 차고 많이 불편했지만 참고 견뎠다. 꾸준히 노력한 결과 조금씩 구부정한 어깨가 펴지면서 예전보다는 훨씬 좋아졌다.

다음은 상대방의 얼굴을 보며 눈을 맞추는 것이 쉽지 않았다.

내성적이고 부끄럼 많은 나에게는 용기가 필요했다. 마음의 창인 눈을 맞출 때면 마음이 들킬까봐 조마조마 했다. 잠깐 눈 맞추고 발표하는 내내 시선은 아래를 보고 있었다. 이겨내야만 했다. 나 자신이 상대방과 소통하는 첫걸음이기 때문이다.

서로서로 도와주며 응원해 주었다. 조금씩 변화되어 갔다.

프로그램을 통해서 많은 걸 느낄 수 있었다.

나 자신이 얼마나 소중한 존재인가 라는 것을. 이제까지 다른 사람들이 아니라 나 스스로 나를 대수롭지 않은 사람으로 대해 왔다는 걸 깨닫게 되었다.

알면서도 쉽게 고치지 못한 이유도 여기에 있었다.

하지만 난 나의 내면의 문제점을 이제 알았기에 달라지려 한다.

나를 소중하게 대하는 자세가 조금씩 잡혀갈수록 몸과 마음에는 변화가 생겼다. 무뚝뚝한 표정에서 웃을 수 있는 밝은 표정으로, 구부정한 자세에서 어깨와 허리도 많이 펴졌다. 작고 힘없는 목소리에서 자신감 있고 힘있는 목소리로, 상대방과 눈 맞추며 말하는 것까지 훨씬 자연스러워졌다.

이렇게 내면의 문제점을 스스로 극복할 수 있는 가장 큰 원동력은 간절한 마음이다. 간절함이 하늘에 닿았고 차근차근 끈기 있게 노력의 끈을 놓지 않았다. 그리고 주위의 많은 사람들이 격려하고 응원해 주었다. 그러했기에 나 스스로 이렇게 용기 내어 변화할 수 있었다.

과거에 나 스스로 을이라고 생각한 모습은 잊어버리자.

당당하고 자신감 있는 나로 살아간다.

최소한의 권리를 위하여

회사에 입사를 하고 어느덧 약 6년이라는 시간이 지났다. 그동안 아웃소싱업체에서 공공 부분 비정규직에서 무기계약직(공무직)으로 바뀌었다. 하지만 고용만 안정되었을 뿐 달라지는 건 없었다.

돌이켜 생각해 보면 입사 1년 차에는 용역의 신분이라 정해진 시간에 근무하며 반장과 소장의 지시에 따라 일을 하며 지냈다.

근무 2년 차에 정권이 바뀌면서 공공 부분 비정규직 근로자들의 정규직 전환의 일환으로 정규직근로자가 아닌 무기계약직

(공무직) 근로자로 전환되었다. 소속이 바뀌면서 나름 떳떳하게 말할 수 있었다. 그리고 급여도 전보다 인상되어 좋았다. 하지만 예전부터 근무한 동료에게는 미안한 마음이 많았다. 입사 1년 만에 운이 좋게 혜택을 보는 것 같아 미안하고 또 미안했다.

3년 차 공공연대 노조에 가입을 했다. 며칠 후 노조에서 설립배경과 조합에서 하는 일을 설명해 주었다. 그리고 현안들과 산적한 과제들에 대해서 알려주었다. 처음에는 임금인상과 복지에 대해 요구할 거라는 기대에 잔뜩 부풀어 있었다.

4년 차에도 노조에 가입을 했지만, 기대했던 것과는 달리 활동은 교육 몇 차례가 전부였다. 시간이 지나면 다 되겠지 하며 마냥 기다리고 있었다. 현안들은 관철되지 않았고 과제들 역시 하나도 해결된 것이 없었다.

5년 차 공공연대에서 탈퇴하고 공공운수노조에 가입을 했다. 회사에서 직장동료가 출근해서 근무 대기 중에 갑자기 쓰러졌다. 119로 병원에 후송되었다. 병명은 원인불명의 뇌출혈로 고인이 되었다. 그리고 며칠 후 회사에서 근무 변경을 하려 했다.

고인이 업무 과다로 인해 문제가 발생했다는 이유로 근무 시간을 줄이려고 했다. 사실은 사고를 빙자해서 인건비를 줄이려는 것이 목적이었다. 가만히 있을 수만은 없었다.

그래서 고용노동부에도 알아보고 노무사에게도 문의해 보았다. 그리고 노조에도 문의하며 상황의 심각성을 설파했다. 노조에서 발 벗고 나서 주었다. 지부에서 앞장서 노동법을 토대로 조목조목 설명하며 대응해서 변경 없이 유지하는 것으로 원만히 조정하여 합의하게 되었다. 이때서야 비로소 깨달았다. 모르고 가만히 있었더라면 사측의 뜻대로 근무 변경이 되었을 것이고 임금도 변화가 있었을 것이다.

거슬러 올라가면 공공연대에 가입했을 당시에도 노조에서 말한 대로 믿고 그냥 방관하며 지켜보기만 했다. 왜냐하면 처음 가입해서 뭘 어떻게 해야 할지 몰랐기 때문이다. 그러다 보니 좋은 소식만을 기다리며 가만히 있었다.
생계에 크나큰 영향으로 다가와서야 깨달았다. 속담을 인용하면 발등에 불이 떨어지고서야 부랴부랴 관심을 가지게 되었다.

체계적인 활동을 위해 분회장, 부분회장, 사무장을 임원으로 선출하였다. 분회장을 중심으로 활동이 이루어졌다. 분회장은 중앙교섭에 참석하여 우리의 요구안을 발언했다. 그리고 교섭 현장의 분위기와 위원들의 논의 사항을 알려주었다. 자세한 세부 내용은 사무장을 통해서 잘 정리해 노조원들에게 공지해 주었다. 그리고 소속 연대의 타지역 노조 활동에도 참여하여 우리 분회의 상황을 알리고 공동투쟁하며 힘을 실어 주었다. 몇 달 후 중앙교섭에서 의견의 접근이 이루어지지 않아서 쟁의 찬반투표를 진행했다. 노조원의 일원으로 찬성에 한 표를 행사했다. 투표 결과 전원의 찬성으로 중앙행정기관 비정규직 노동자 공동파업 투쟁에 함께 참여하였다.

며칠 후 중앙노동위원회로부터 쟁의권을 확보하게 되었다. 노동쟁의 첫걸음으로 현수막을 설치하고 우리의 단결된 의지를 알려주었다.

첫 단체활동으로 전면파업을 시작했다. 그리고 노조원들과 함께 중앙행정기관 비정규직 차별철폐 예산쟁취를 위한 농성 투쟁에 참여하기 위해 정부세종청사로 향했다.

저 멀리 문화체육관광부가 보였다. 건물 앞에는 이미 경찰들이 준비하고 있었다. 그리고 서울 중앙에서 임원들과 노조원 동지들이 미리 와서 대기하고 있었다. 위원장의 지휘 아래 자리 정렬을 하고 피켓을 받았다. 그리고 위원장의 진행에 맞춰 구호를 외치고 피켓을 들고 투쟁을 했다. 시간이 얼마 지나지 않아 문화체육관광부 사무관이 현장으로 내려왔고 우리는 그에게 요구 안건을 전달했다. 여기까지는 경찰과 마찰 없이 잘 마무리되었다. 최종 집결지인 기획재정부로 구호를 외치며 행진했다. 주위에서 경찰들이 적절하게 통제해 주었다. 기획재정부 앞에는 이미 다른 단체에서 집회 활동을 하고 있었다. 서로 마찰 없이 잘 피해 집결지에 도착했다. 집결지에는 중앙행정기관에 소속된 공무직 임원들과 노조원 동지들이 모여들기 시작했다. 다 함께 모이니 규모가 상당했다. 인원은 몇백 명에 달했고 우리의 현실과 요구사항을 알리기 위해 무대가 설치되었다. 각 부처 임원들의 모두 발언과 위원장의 발언으로 집회는 시작되었다. 그리고 다 함께 기획재정부 정문 앞으로 공무직 처우 개선안을 전달하기 위해 행진을 했다. 이때부터 경찰들이 우리를 둘러싸고 경고 방송을 하며 대치하기 시작했다. 합법적으로 집회신고를 하고 허가를 받았음에도 불구하고 제지하기 시작했다. 그리고 카메라 촬영을 하고 있었다. 증거 수집을 목적으로 감시하고 탄압했다. 우리는 요구안을 전달하기 위해 기획재정부의 관계자가 나오기만을 기다리고 있었다. 우리의 요구안을 다 함께 큰 목소리로 외쳤다. 하지만 나타나지 않았다. 마냥 기다릴 수 없어서 후문으로 전달하기 위해 다시 행진을 시작했다. 경찰들은 행진을 가로막으며 합법적으로 하는 집회 활동을 불법으로 매도했다. 고성이 오가기 시작하고 몸싸움까지 일어났다. 점점 현장은 과열되기 시작했다. 경찰들이 길을 열어주지 않아 우회하여 행진을 시작했다. 우리의 요구안은 전달되지 못했다. 내일을 기약하며 집결지로 행진하여 다 함께 모여 집회 활동을 다시 시작했다.

노조 활동을 하면서 많은 걸 느낄 수 있었다.
우리는 최소한의 생계와 생존을 위해 처우개선을 해달라고 외쳤다. 돌아오는 건 예산을 핑계로 해줄 수 없다는 말뿐이었다.
몸으로 느끼면서 우물 안에 개구리처럼 아무것도 모르는 바보였다는 것을 알게 되었다. 그저 회사에서 하라는 지침에 따라 아무 말 없이 따르며 최소한의 권리를 잊은 채로 살아왔다는 내 자신이 한없이 부끄러웠다. 가만히 기다리고 묵묵히 일하면 나아지겠지라고 생각했지만 그런 일은 절대 일어나지 않는다는 것을 깨달았다.

노조 활동을 곱지 않은 시선으로 바라보는 사람이 많다. 그저 남 일처럼 내 가족이나 내 주위 사람들이 아니라면 딴 세상일처럼 색안경을 끼고 비판할 때가 많다. 나도 그중 한사람이었다.

왜냐하면 언론에서 보도하는 걸 보면 일부 대기업에서 노조 활동을 통해 자기 잇속만 챙기는 것 같았다. 성실하게 근무하는 노동자들이 피해 보는 것 같았다. 그래서 노동조합이라는 사전적 의미를 찾아보았다. 노동자가 주체가 되어 자주적으로 단결하여 근로조건의 유지, 개선 기타 노동자의 경제적, 사회적 지위의 향상을 도모함을 목적으로 조직하는 단체 또는 그 연합단체라고 한다.

내가 노조에 가입해서 바라는 것은 근로조건의 개선이다.

지하 전기실 문을 열면 2평 남짓한 사무실이 있다. 안에는 사무집기들로 둘러싸여서 10명이 근무하기에는 턱없이 비좁다. 그래서 밖에 간이 의자에서 있을 때가 많다. 가끔 회의를 할 때면 대부분 인원들이 일어서서 한다. 총원 14명이 근무하기에는 너무나도 열악하다. 그리고 앞에는 22,900V 특고압 수전설비들이 있다. 매년 장마나 태풍을 동반한 집중호우가 내릴 때는 지하에 침출수로 인해 외벽 여기저기에서 물들이 새어 나온다. 물길이 만들어져 있지만 많은 물이 한꺼번에 나올 때는 특고압선로 케이블들이 물에 잠길 때가 많다. 만에 하나 잘못된다면 감전으로 인한 인명사고는 물론이고 전기 공급이 차단된다. 정전으로 인해 수많은 문화재의 보존과 보관에 필요한 기계설비들은 작동이 멈추게 된다. 그리고 보안에도 취약해진다. 일부 장비들은 UPS(무정전 공급장치)로 작동이 가능하지만 오랜 시간 동안 버티지는 못한다. 여름철 물피해 현장을 보고하고 실사를 했음에도 불구하고 개선이 잘되지 않았다.

그래서 매년 되풀이되는 이런 상황을 해결하고자 노조를 통해 말했다.

'특고압실 안에 시설 사무실 이것이 처우개선인가'

이런 환경 속에서 최소한의 노동권은 묻혀져 버렸다.

'안전한 곳에서, 힘들 때는 잠시 쉴 수 있는 근무 환경을 바라는 것이 무리한 요구사항 일까?' 생명과 안전을 위한 최소한의 권리를 위해 누군가는 목소리를 내야 한다.

예전처럼 주어진 환경에서 묵묵히 최선을 다해서 일하면 알아주겠지 하는 생각은 노동자 자신의 권리를 스스로 저버리는 행동이다. 나의 안위는 나 한 사람의 문제로 국한되지 않는다. 가깝게는 나의 가족과 더 나아가 모두의 가족으로 이어진다.

사람은 누구나 태어나면서 한 가정과 국가로부터 최소한의 보호를 받는다. 하물며 동물들도 마찬가지이다. 그러면서 사회의 구성원으로서 각자의 권리를 부여받고 자기실현을 하면서 살아간다.

나도 그렇다. 최소한의 안전이 보장되는 환경에서 안정되게 일하며 보람을 느끼는 삶을 살고 싶을 뿐이다. 왜냐하면 나를 비롯한 공무직 노조원들도 사람이기 때문이다. ✎

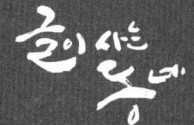

사랑의 콩깍지

내 삶에도, 해야 할 일들이라는 음표로 빼곡하게 채워진 일상에
적절한 쉼표를 넣어 리듬이 살아났다.
여명과도 같은 쉼 후 이어지는 음표는
긴장감을 주면서 강렬한 힘을 전달한다.
나의 쉼 또한 몰입과 도전이라는 새로운 자극이
내 삶에 강력한 힘을 준다.
(본문 중에서)

강영숙

아직은 실수투성이 아마추어지만,
글과 삶이 윤슬처럼
아름답게 반짝이기를 소망한다.

강영숙

사랑의 콩깍지
쉼표
구멍이 뻥뻥
딱딱 맞추고 싶다. 박자를
끄덕끄덕

사랑의 콩깍지

나는 오랜 세월 흠모해 온 이가 있다. 그를 알게 된 것은 중학교 때다. 책에서 접한 나는 그의 실물을 영접하고 싶은 마음이 간절했다. 나의 왕자님인 그를 상상하며 언제쯤 만날 수 있을까 오매불망했다. 바다 건너 제주도에 살다 보니 애가 탔고 흠모의 정은 더 깊어졌다.

드디어 그날이 왔다. 그에게 가는 발걸음은 구름 위를 걷는 듯하고 덩달아 내 심장도 왈츠를 추는 듯했다. 저 멀리 그가 살짝 보이기 시작한다. 심장은 요동친다. 그런데 뭔가 좀 이상하다. 한 발 한 발 가까이 다가가니 내가 알던 그가 아니다. 세월이 아무리 흘렀다지만 이건 너무 심하지 않은가. 탄식과 함께 왈칵 눈물이 쏟아졌다. 심호흡하고 그에게 다가가 찬찬히 살폈다. 그런 나를 그는 말없이 내려다봤다. 다시 목이 메어와 손으로 입을 틀어막는다. 손이라도 잡고 왜 이리 변했는지 물어보고 싶은데, 그와 나를 가로막는 이가 있다. 그를 째려보며 애꿎은 분풀이를 한다. 잔잔한 미소와 내 마음을 다 안다는 듯한 그 윽한 눈빛에 요동치던 가슴이 차츰 가라앉는다.

나의 왕자님의 이름은 유네스코 세계문화유산인 경주 석굴암 석굴이다. 신라예술과 과학의 최고 결정체인 그는, '내 손은 약손' 하시던 외할머니처럼 천 이백여 년 전 신라인뿐만 아니라 후대에 걸쳐 이 땅에 살았던 백성들의 마음을 어루만졌던 분이다.

나는 국어책에 실린 그를 보고 운명처럼 끌렸고, 그를 만나러 가는 나를 영화의 한 장면처럼 머릿속에 그렸다.

부처님의 수호 무사인 팔부신중이 있는 전실에 합장하며 들어선다. 부처님 나라의 수문장 금강역사의 커다란 주먹과 부리부리한 눈매에 나도 덩달아 크게 뜬다. 악귀들을 밟고 있는 사천왕의 기운찬 허벅지를 보며 괜스레 내 목을 쓰다듬는다. 설레는 마음을 진정시키고, 멀리서 바라보다 다시 가까이 가면서 본존불을 감상하고 그의 위대함과 숭고함을 느껴본다. 또 간절함을 담아 두 손을 공손히 모으고 탑돌이 하듯 본존불을 돌아본다. 신라인들처럼 가족의 안녕과 나라의 평안을 위해 기도하고, 본존불의 위엄 앞에 겸손한 삶을 살겠다고 다짐도 한다. 무엇보다 간절히 바랐던 것은 동짓날 아침, 바닥에 깔린 화강석에 반사된 은은한 빛이 빚어내는 본존불의 신비함과 경이로움을 느껴보는 것이었다. 신라인의 과학기술과 놀라운 예술성을 몸소 느껴보고 경의를 표하고 싶었다.

개방형 석굴이었던 시절에나 가능했을 일을 나는 그렇게 환상 속에서 키워왔다. 지금은 전혀 기억에 없는 교과서의 내용이 당시 사춘기였던 내게는 환상적이고 신비롭고 너무 아름다워 동화 속 왕자님처럼 흠모하게 되었다.

그런데 나는 왜 석굴암을 가리고 있는 목조건물을 그 어디에서도 보지 못했을까? 교과서를 통해 흠모하게 된 나의 왕자님을 더 자세히 알고 싶어 그동안 보았던 다큐멘터리, 책 등 다양한 자료 속의 석굴암은 목조건물에 둘러싸인 모습이었을 텐데 눈에 콩깍지가 제대로 끼었었나 왜 그걸 못 봤는지 이상하기만 하다. 그래서 그 목조건물을 보는 순간 절망감이 순식간에 몰려와 왈칵 눈물이 쏟아졌다. 거기서 한 번 와르르 무너지고, 마음을 다잡고 들어서는데 본존불을 가로막고 있는 유리장 때문에 또 한 번 가슴이 미어졌다. 더 이상의 훼손을 막으려는 조치라지만 사라진 감실 부처처럼 내 마음 한쪽도 도둑맞은 기분이었다. 허탈하고 억울하고 안타까웠다.

 나는 사람을 대할 때도 이와 비슷하다. 남이 심어준 이미지나 내가 느낀 첫인상이 그 사람의 전부라고 단정 짓는다. 만약 인상이나 느낌이 부정적이면 될 수 있는 한, 만나지 않고 최대한 말을 섞지 않으려 한다. 어쩔 수 없이 함께해야 한다면 데면데면 한다. 반면 긍정적이라면 그 사람의 모든 부분이 다 괜찮은 사람으로 단정하고 마음을 한없이 열게 된다. 그리고 내가 보지 못한 부분까지도 그러할 거라고 하면서 그를 미화한다. 내 눈과 마음에 콩깍지가 끼고 그 콩깍지는 필터가 되어 부정적인 것들을 다 걸러주어 모든 게 아름답게만 보인다. 그래서 부정적인 소리가 들려도 들리지 않고 보여도 보이지 않는다. 석굴암의 목조건물이 40여 년 동안 그 자리에 있었는데 보이지 않았듯이 말이다. 그러다 뒤통수를 제대로 맞는 순간 충격과 함께 콩깍지도 떨어져 나간다. 처음엔 아픔과 충격으로 눈물 콧물 다 쏟으며 뭔가 잘못됐을 거라며 현실을 부정한다. 떨리는 마음으로 다시 확인하지만, 상처만 더 아프다. 100% 믿었던 만큼 상처 또한 엄청나다. 그러나 상대는 아무렇지도 않다. 오히려 상대는 '나 원래 이런 사람이었어.' 한다. 나는 상대의 그 말이 어이가 없지만 반박할 말이 없다. 콩깍지가 제대로 낀 내 눈을 탓할 수밖에.

'내 속에 내가 너무도 많아~'라는 노랫말처럼 내 속에 나도 모르는 내가 많고, 그런 나는 긍정적이거나 부정적인 여러 모습을 갖고 있다. 모든 사람이 이러하다. 그런데 나는 사람의 부정적인 모습은 추하다고 생각하고 모든 사람이 완벽하고 아름답기만을 바랐다. 나이가 들고 자연적으로 사람을 만날 기회가 많아지면서, 완벽하지는 않아도 아름다운 이들이 많다는 것을 알게 되었다. 또 책이나 드라마를 보며 추했던 사람이 반성하고 차츰차츰 변해가는 과정이 아름답다는 것도 알게 되었다.

최근에 읽은 소설 〈불편한 편의점〉의 주인공 독고씨 경우가 그렇다. 그는 성공을 위해 불법을 저지르다 가족과 일 그리고 명예를 모두 잃고 알코올에 빠져 살다가 노숙자가 되었다. 그는 편의점 사장인 염여사의 잃어버린 지갑을 찾아준다. 그 보답으로 염여사가 편의점 도시락을 제공하면서 인연이 시작된다. 그녀는 독고의 행동 하나하나를 지켜보면서 그가 겉모습은 노숙자이지만 경우바른 사람인 것을 알아차린다. 그래서 편의점 야간 아르바이트를 제안한다. 독고씨는 그녀의 따뜻한 손길에 보답하기 위해 최선을 다한다. 오전 알바생 선숙은 자신뿐만 아니라 주변 사람들의 이야기를 들어주고 마음을 나누는 독고로 인해 그동안 불통이었던 아들과 소통하며 행복을 찾는다. 이처럼 독고가 아르바이트를 하면서 만나는 사람들을 변화시키고, 자신 역시 변하는 과정이 너무나 따뜻하고 아름다웠다.

 소설 속 여러 캐릭터 중 나랑 가장 많이 닮은 사람은 오선숙이다. 그녀는 독고씨를 늘 반쯤 감긴 불량한 눈빛과 어슬렁거리듯 느린 행동거지에 손님이 와도 제 타이밍에 인사 한번 못 하는 사회 부적응자, 미련 곰탱이라 생각한다. 거기다 노숙자였다는 말에 기겁하며 그를 배척한다. 그녀는 과거 실내 포차를 운영하며 겪었던 많은 사람을 통해 체득한 '사람은 절대 변하지 않는다.'라는 믿음으로 독고씨를 경멸한다.

 겉모습만 보고 그 사람의 전체 모습이라 생각하는 점이 나랑 참 많이 닮았다. 콩깍지 낀 눈으로 사람을 보면 누구에게나 있는 바른 마음이 보이지 않는다. 그러나 누군가의 작고 평범한 일상이 콩깍지를 벗긴다. 근무 시간이 끝났어도 계속되는 독고의 일손이, 동네 할머니들에게 하는 서비스가, 가출한 중학생 짬몽을 아버지같이 챙기는 모습 등 모든 사람을 편견 없이 진심으로 대하고 자신이 할 수 있는 일에 최선을 다하는 독고의 일상이 선숙의 콩깍지를 벗긴다. 그러자 사회 부적응자, 미련 곰탱이로 봤을 때 느꼈던 답답함은 사라지고 지극히 정상적이고 따뜻한 사람임을 인정하게 된다.

　나 역시 사람들을 만나면서 긍정적인 모습을 보면 나도 그런 사람이 되고 싶어서 따라 하고, 조금씩이라도 변하기 위해 노력한다. 또 부정적인 행동은 '아~ 저러면 안 되겠구나' 하며 나의 말이나 행동을 조심한다. 〈불편한 편의점〉의 작가 김호연은 삶은 관계고 관계는 소통이라고 말했다. 결국 사람들 속에서 배우고 깨닫고 더 나아지려고 노력한다면, 겉모습이나 첫 느낌만으로 판단하는 미성숙한 태도를 버리고, 상대의 말과 행동 뒤에 숨어있는 바른 마음을 알아차릴 수 있을 것이다. 그래서 상대를 진정으로 이해하고 마음을 나누는 아름다운 내가 될 것이다. 소통의 시작은 편견이나 선입견이라는 콩깍지를 벗어 던지는 것부터임을 이 소설을 통해 다시 한번 깨달았다.

　음력 사월 초파일 이른 아침, 나의 왕자님을 만나기 위해 자동차 가속페달을 힘차게 밟는다. 오늘은 일 년에 딱 한 번 있는 그날이다. 칠월 칠석날 견우직녀처럼 하늘이 허락한 단 하루. 내 앞을 가로막았던 유리장을 넘어 들어가 그를 만날 수 있는 날이다. 긴장되고 흥분된 마음에 얼마나 빠르게 걸었던지 딸이 좀 천천히 가라고 한 소리 한다. 저 멀리 그 목조건물이 보인다. 눈물은 나지 않는다. 이제는 완벽하지 않아도 아름답다는 것을 알기 때문이다. 아쉬움과 흥분된 마음을 다독이며 천천히 다가갔다. 그가 환하게 미소 지으며 나를 반긴다. 그동안 아팠던 마음에 연고를 바르는 듯하다. 행복하고 편안하다. 팔부신중, 금강역사, 사천왕이 살아 움직이는 듯하다. 단단한 화강암에 어떻게 이런 섬세한 조각을 할 수 있을까 감탄하고 또 감탄한다. 본존불의 광배가 빛을 발하는 듯 신비롭다. 처음부터 끝까지 '와~ 와~' 감탄사를 연발하며 걸었다. 비록 인간과 자연에 의해 훼손은 되었지만, 신라인들의 뛰어난 솜씨에 경의를 표할 수밖에 없다. 또 본존불의 위엄과 숭고함은 훼손되지 않고 '여전하구나' 하면서 안도한다. 하루 종일 그와 함께하고 싶다는 욕심에 연거푸 세 바퀴를 돌다가, 안내원의 '두 번은 안 됩니다.'라는 경고를 듣고 내년을 기약하고 아쉬운 발걸음을 옮긴다.

쉼표

"음악의 3요소가 뭐죠?"
오케스트라 연습 시간에 지휘자가 자주 하는 질문이다.
"리듬, 멜로디, 하모니요~"
"방금 한 연주에 리듬이 있었나요? 악보를 보세요. 쉼표가 있는데 왜 안 쉬죠? 쉬라는 박자만큼 쉬어야죠. 쉼표도 리듬이에요. 무시하지 마세요! 자, 다시 갑시다."
지휘자의 목소리는 한 옥타브 올라가고 그만큼 얼굴빛도 붉어진다. 왜냐하면 매번 강조하는데도 우리는 자주, 솔직히 말하면 거의 매번 지키지 않기 때문이다. 쉼표는 박자가 있는 쉼으로, 음악의 리듬과 속도를 조절하고, 음악적 표현을 풍부하게 만드는 중요한 역할을 한다.

삶을 음악에 비유한다면, 우리는 매일 한 곡 한 곡 아름다운 곡이 되기를 애쓰며 연주하는 음악가다. 음표에 맞춰 강하게 약하게 길게 짧게 연주하다 쉼표에서는 쉬어야 하듯이 우리 삶도 그렇다. 보통 주중에는 일과 공부 등 자신이 처한 위치에 맞게 주어진 것을 한다. 그러다 주말이면 잠시 하던 것을 멈추고 휴식을 취한다. 그랬을 때 음표와 쉼표가 어우러져 아름다운 멜로디가 되는 것처럼 우리의 삶도 일과 쉼이 균형을 이루어 활기차고 경쾌한 멜로디가 된다. 그러나 육아까지 책임져야 하는 워킹맘처럼 여건이 안 돼서 쉬지 못하는 경우가 많다. 나 또한 그런 적이 있다.

나의 첫 발령지는 고등학교였다. 매일 10~12시간씩 근무했다. 경험이 전혀 없는 일을 새로 시작한 것이라 몸은 힘들고, 낯선 사람과 환경에 적응하느라 정신도 지쳐갔다. 주말이라도 쉬면 좋겠으나 엄마로 며느리로 또 다른 역할을 해야 했다. 또 초보자라서 다음 주에 해야 할 음식의 레시피를 미리 예습하느라 짧은 주말을 더 쪼개야 했다. 날이 갈수록 적응하는 것이 아니라, 몸이 바스러질 것 같았다. 숨이 곧 넘어갈 듯 헐떡이고, 무기력하고 스트레스는 차곡차곡 쌓여서 주변인들까지 긴장하게 했다. 이때의 나는 한마디로 쉼표 없이 연주하는 음악가였다.

위험 요소가 도사리고 있는 작업장에서 매일 시간에 쫓기며 일을 하다 보니 긴장의 연속이었다. 퇴근할 때는 오로지 빨리 가서 눕고 싶다는 생각밖에 없었다. 어려운 스케일이 잔뜩 들어있고, 아주 빠른 박자의 곡을 연주하는 것 같았다. 한두 마디의 쉼표가 간절히 필요한 순간이다. 그래서 일단 잠부터 잤다. 그리고 애들 저녁을 먹인 후, 멍하니 드라마 속으로 빠져든다. 이런 쉼은 몸의 긴장을 풀어주고, 생각을 멈추게 만들어 스트레스 상황을 잠시 잊게 해 준다.

그다음 찾은 방법은 주말 커피숍 나들이였다. 왜냐하면 황폐해진 마음에도 촉촉한 단비가 필요했기 때문이다. 무작정 책 한 권 들고 커피숍으로 도망갔다. 정말 살고 싶다는 간절한 몸부림이었다. 처음에는 아직 어려서 엄마의 손길이 필요한 애들에게 미안하고, 너무 나만 생각하는 것 같아 죄책감마저 들었다. 하지만 '내가 있어야 애들도 있지'라는 생각으로 매주 세 시간씩 나를 위한 시간이라는 명목으로 할애했다. 처음에는 고급 수업을 위한 준비를 했고, 졸업 후에는 독서를, 지금은 글쓰기를 한다. 적당한 소음과 음악, 커피 향에 젖어있다가 보면 세 시간이 후딱 지나가 버린다. 글이 잘 써지지 않는 날은 책을 읽는다. 평소에는 잘 읽히지 않던 분야의 책도 커피숍에서는 집중이 잘 되어서 일부러 그런 책을 들고 가기도 한다.

바쁘게 살다 보니 가끔 중요한 일을 잊는 경우가 있어서 재확인하는 시간이 필요하다. 그래서 한 주를 정리하고 다음 주 일정을 점검하는 시간을 갖는다.

때로는 친구들과 수다를 떨면서 스트레스를 덜어내기도 한다. 아무리 공부하고 깨달았다고 한들 아직 여물지 않은 내가, 불협화음을 만드는 사람을 이해하고 품을 수는 없다. 욕도 하고 흉도 보면서 배설하는 해우소가 필요하다. 그렇다고 문제가 해결되는 것은 아니지만, 배설 후 찾아오는 편안한 장처럼 내 마음도 좀 가벼워진다.

한 주에 세 시간, 짧다면 짧을 수 있는 그 시간이 숨을 쉬게 하고 다음 한 주를 버티게 하는 보약이었다. 음표와 쉼표를 잘 지키면 리듬이 살아나듯, 나의 일상도 차츰 깨어나면서 점점 신나는 멜로디가 되어 갔다.

처음에는 몸을 편히 쉬게 하기 위함이었고, 다음엔 마음의 휴식을 취하기 위함이었다. 목적없이 그야말로 쉬기 위한 쉼이었다. 그러다가 어느 순간 일주일에 딱 세 시간이라는 쉼의 순간이 전과는 다르게 정말 소중하게 다가왔다. 원래 나는 잡생각이 많아서 한 가지에 집중 못 한다. 그런 내가 주변 소음이 안 들릴 정도로 푹 빠지는 순간이 있었다. 이런 일이 반복되면서 '아, 나도 집중력이 있구나!' 하고 새로운 나를 발견하게 되었다. 또 자리를 잡고 앉아 몰입하기까지의 시간이 점점 짧아지는 경험을 하게 되었다. 이 몰입의 즐거움은 나를 새로운 길로 안내했다. 그중 하나는 새로운 것에 도전하는 것이다. 편식이 심한 나의 독서 습관을 다양한 영역으로 넓히게 되었고, 몇 페이지 읽다가 덮어버렸을 분야의 책도 반복해서 읽으면서 인내심이 길러졌다. 선입견 때문에 못 먹던 음식을 이제 맛있게 먹는 느낌이다. 또 다른 도전으로 악기를 배우기 시작하면서 퇴근 후 누워만 있던 몸을 일으켜 연습실이라는 쉼터로 향하게 했다. 실력이 조금씩 늘면서 성취감이 쌓여갔다. 이런 즐거움을 더 지속하기 위해 틈틈이 운동도 한다. 단순한 쉼이었던 것이 몰입의 즐거움을 알게 되고, 새로운 도전을 통해 시간 활용을 적극적으로 하게 되었다.

내 삶에도, 해야 할 일들이라는 음표로 빼곡하게 채워진 일상에 적절한 쉼표를 넣어 리듬이 살아났다. 여명과도 같은 쉼표 후 이어지는 음표는, 긴장감을 주면서 강렬한 힘을 전달한다. 나의 쉼 또한 몰입과 도전이라는 새로운 자극이 내 삶에 강력한 힘을 준다. '쉼표도 리듬이에요.' 하는 지휘자의 격앙된 목소리에 공감하며, 울림을 주는 연주자가 되기 위해 오늘도 또 하나의 곡을 완성해 나간다.

구멍이 뻥뻥

2021년 9월 23일은 내게 혁명일이다. 내가 일기 쓰기를 시작한 날이기 때문이다. 뭐 그까짓 것 갖고, 혁명씩이나 하겠지만 내게는 그렇다.

예전부터 어렴풋하게 그리는 내 모습은, 무대에서 스토리텔링 마술을 하는 나다. 또 인자한 미소를 짓는 아름다운 할머니다. 스피치 고급 과정을 마친 나는 힘들었던 만큼 변화된 나를 한껏 기대했었다. 그러나 2년이 지나고도 그 전과 별반 다르지 않은 내가 창피했다. 어렴풋하게나마 그리던 나는 싹 사라지고 없었다. 조금이라도 그 모습에 가까워지기 위한 방법을 찾다가 좋은 습관을 만들어 보자 다짐했다. 중요하지만 급하지 않은 일, 성장을 위해 꼭 필요한 일, 그것은 좋은 습관을 만드는 것이다. 꾸준한 노력이 필요하지만, 삶의 질을 높이고 행복해지는 일이다. 고급 과정 때 배운 것을 실천할 기회다.

그 첫 번째가 일기 쓰기였다. 일기는 나의 나날을 기록하는 것이다. 매일에 방점이 있다. 처음부터 길게 쓰지는 못하겠고 하루를 메모하는 수준이라도 '꾸준히' 써 보자, 다짐하고 일기장을 샀다. 어쨌든 쓰기로 결심한 내가 대견해서 선물처럼 주고 싶어서 예쁜 일기장을 검색했다. 3년 일기장이라는 제품을 발견하고 감탄했다. 9월 23일 페이지에 21년, 22년, 23년의 내용을 연차적으로 쓰게 되어 있다. 그래서 2년 전, 1년 전 그날의 나를 볼 수 있어서 좋았고, 무엇보다 오늘 쓸 분량이 다섯 줄밖에 안 되어서 더 좋았다. 딱 내 수준인 일기장이다. 그렇게 해서 쓰기 시작한 날이 나의 혁명일이 된 셈이다.

나는 감정표현을 못 한다. 사춘기 때부터 감정을 꼭꼭 숨기며 살았기 때문이다. 엄마의 고단함을 나라도 덜어주고 싶어 나를 감추기 시작한 것이 습관이 되어 남들에게뿐만 아니라 내게도 그렇게 하지 못한다. 드러내기보다 무시하기 바빴다. 그러다 보니 불편한 내 감정의 정체가 무엇인지, 뭐라 이름을 붙여야 하는지 몰랐다. 뭉뚱그려서 기분 나빠, 싫어, 기뻐 이렇게밖에 말하지 못했다. 애들을 키우면서 아이가 울거나 화를 낼 때, 그 마음을 읽어주고 싶어서 하는 말이 '속상했구나!'였다. 고작 그렇게밖에 표현 못 하는 내가 답답했다. 내 감정도 모르는 데 남의 마음을 어찌 읽을 수 있겠는가. 그래서 일기를 쓰면서 불편하거나 기분 좋은 감정들을 나열하고 딱 맞는 이름을 찾고 싶었다. 그리고 그에 알맞은 공감도 해 주고 싶었다.

또 나는 어떤 일을 시작하고 시간이 흐르면 흐지부지되고, 방향을 잃고 헤매기도 한다. 시작할 때는 좋은 의도였는데 어느 순간 '내가 이걸 왜 하지?'라는 의문이 생기고, 때론 부질없어라며 포기하는 경우가 많다. 그래서 일의 목적과 이루고 싶은 것 등을 기록하여 나침반으로 삼고 싶었다.

이렇게 시작한 일기 쓰기!

일 년 반 정도 지난 지금, 뻥뻥 구멍이 나 있는 일기장을 마주한다. 이유는 피곤해서, 잊어서, 귀찮아서다. 직장에서 하루치 에너지를 다 써 버리고 물 먹은 솜뭉치가 되어 퇴근하면 거의 기절하다시피 쓰러진다. 늦은 귀가를 알리는 아이의 목소리를 듣고 겨우 눈을 떠 보지만, 일기 쓰기는 잊은 지 오래다. 한

사흘 안 쓰다가 '아차! 일기' 하는 날 쓰기도 하지만, '아~ 귀찮아'하면서 넘어가는 날도 있다. 학기 중에는 그럴 수 있다지만, 비교적 편한 방학 중에 난 구멍은 무엇으로 설명할 수 있을까, 핑계라는 생각이 든다. 초등학교 때 방학 숙제로 한 달 치 몰아서 썼던 일기를 제외하고, 50년이 넘는 세월 동안 안 하던 것을 하려니 얼마나 힘이 들겠는가? 또 이제까지 안 썼어도 그냥 저냥 잘 살았는데 하는 생각이, 흐느적거리는 몸을 곧추세우려 하는 의지를 이겨 버린다. 이해는 가지만 익숙한 모습으로 돌아가는 내가 싫다.

나는 나만 보는 일기장이지만, 오늘 하루 잘 살았노라고 **뻐**기는 글을 멋지게, 감동적으로 쓰는 근사한 내가 되고 싶다. 일기장은 편안한 내 방이다. 헝클어진 머리, 목이 늘어난 티셔츠 차림으로 널브러져 있을 수 있는 무장해제 된 공간이다. 그러나 아직은 **빳빳**하게 잘 다려진 셔츠를, 목까지 단추를 채워 입고 바른 자세로 책상에 앉아 있는 듯하다. 그래서 일기장을 펴면 달랑 다섯 줄밖에 안 되는 여백이 마치 오백 줄, 오천 줄처럼 느껴져 막막함이 몰려온다. 뻐길 정도로 잘 산 하루가 별로 없는 듯하고, 멋진 글, 감동적인 글 또한 아주 먼 나라 얘기 같다.

가장 큰 구멍은 두려움이다. 내 감정에 솔직하기가 두렵다. 솔직했던 경험이 별로 없어서이기도 하지만, 부정적인 감정을 솔직한 심정으로 대할 때 죄책감을 느끼기 때문이다. 예를 들면 누군가를 보고 부럽고 질투가 나는 경우, 그런 생각을 하는 내가 잘못된 것처럼 느껴진다. 자극으로부터 자연스럽게 떠오르는 느낌을 왜 옳은지, 그른지 판단하려 할까? 일기장 속에서도 사회적 가면을 쓰고 남들에게 인정받기 위해 자연스러운 감정을 억압하고 있다. 또 강박적으로 반듯한 내가 되고 싶은 마음에 솔직한 감정을 더 표현하지 못하는 것 같다.

그동안의 내 일기장은 이러했다. 매일에 방점을 찍고 습관이 되게 하려고 했지만, 구멍이 났고, 감정을 표현하고 감싸 안으려 하였으나 지금까지 서먹서먹 내외 중이다.

그런데도 얻은 것은 있다. 비록 구멍 난 일기를 썼지만, 나의 패턴 하나를 파악했다. 내가 배려라 생각하며 한 행동을 상대가 거절했을 때 심한 배신감을 느끼고 상대를 이상한 사람, 나쁜 사람이라고 단정해 버린다는 것이다.

내가 근무했던 학교에 선배 조리사가 왔다. 업무 인수인계는 다 해줬지만, 처음 써 보는 '스마트 HACCP'이라는 시스템은 한두 번 설명으로는 되지 않았다. 그래서 퇴근 후 그 학교로 가서 처음부터 다시 설명해 주고, 다른 업무들까지 세세하게 알려 주었다. 그렇게 두 번 방문했고, 수시로 오는 전화에 아주 친절하게 답해 주었다. 그런 날 선배는 엄청 고맙다고 했다. 그랬던 선배가 '떠났으면 그만이지. 신경 쓰지 말라고 해라!'라고 말했다며 다른 사람이 내게 전했다. 심하게 뒤통수를 얻어맞은 것처럼 얼얼했다. 휴일 아침, 일찍부터 전화해서 온갖 것 물어보고, 이것저것 힘들다고 하소연할 때는 언제고 인제 와서는 신경 끄라니, 이제 이용 가치가 없다는 건가? 라는 생각에 괘씸했다. 죽이 되든 밥이 되든 알아서 하게 내버려 두지, 뭣 하러 내 시간과 에너지를 써 가며 해 주고 이런 소리를 듣나 싶어서 억울하고 내가 세상에 둘 도 없는 바보처럼 느껴졌다. 맘속으로 그 사람을 욕하다가 등신처럼 당하고 있는 나를 욕하기도 하면서 내 맘속은 전쟁터로 변했다.

  그러다 시작이 잘못되었음을 알았다. 이런 일들의 대부분은 이런 도움도 필요할 거라는 나 혼자만의 생각에, 물어보지 않은 일까지 오지랖을 부렸을 때 일어난다는 것을 깨달았다. 난 호의라지만 상대는 거북할 수 있고 부담일 수도 있다. 그렇기에 더 필요한 것이 있는지 물어보는 것이 진짜 상대를 위한 배려다. 나 편해지자고 또는 괜찮은 사람이 되려고 하는 것은 배려가 아니다. 또 진정한 배려일지라도 적당히 해야지 한없이 하는 것 역시 배려가 아니다. 상대에게는 부담이고 오히려 간섭이나 귀찮음이 될 수 있기 때문이다. 일기를 쓰면서 얻은 의외의 소득이다.

나는 일기장을 다시 꺼내어 읽는 것을 좋아한다. 일 년 전 혹은 몇 달 전 사건들을 다시 읽으며, 그 사건의 경과, 결과 또는 정리된 감정들을 한 귀퉁이에 메모한다. 그래서 일기장이 알록달록하다. 그때는 이런 마음이었는데, 시간이 흐른 지금 내 심정은 이러하다, 상대는 지금 이렇다 등을 적다 보면 성급한 나를 볼 수도 있고, 내가 또는 상대가 오해했을 때도 있고, 때로는 누군가에 의해 왜곡되었음을 알게 된다. 일기를 쓰기 전에는 과거의 상처와 현재의 내가 하나였는데, 다시 읽으면서 추가 메모를 하다 보면 과거의 나와 현재의 내가 분리된다. '그때는 네가 잘못했으니 사과해라'라고 현재의 내가 얘기한다. 덕분에 뒤늦은 사과를 일기장에 하기도 하고, 때로는 한 뼘 자란 나를 칭찬하기도 하면서 내 마음속 찌꺼기를 청소한다.

구멍이 숭숭 난 일기장이 못내 아쉽다. 하지만 나의 패턴을 알게 되는 큰 소득을 얻었으니, 이제는 잠시 멈춰 생각하고 행동하는 날이 많아질 것이다. 그리고 쓸데없는 오지랖도 좀 덜

부리지 싶다. 또 과거의 상처와 분리되어서 나를 관찰하고 미숙한 모습 속에서도 의미를 찾고 새로워진다면, 나는 계속 성장할 것이다. 이렇게 지속한다면 처음에 의도한 대로 꾸준히, 더불어 멋진 문장으로 쓰는 진짜 멋진 날이 올 것이다.

그래서 구멍이 뻥뻥, 그래도 괜찮다.

딱딱 맞추고 싶다.
박자를.

하나 둘 셋 넷, 둘 둘 셋 넷….
투우우우 투우우우….
지휘자의 박자에 맞춰 나의 호흡과 눈, 손가락, 두뇌가 바쁘게 움직인다.
우리 오케스트라는 초등 6학년부터 74세 할머니까지 15명이 연주한다. 나는 여기서 플루트를 담당하고 있다. 입단 첫날 자기소개 시간에 '저는 음치, 박치, 몸치입니다. 악기연주로 박치라도 탈출하고 싶어 왔습니다.'라고 했다.
수업 때마다 지휘자님이 강조하는 것은 '들으세요!'다. 악보에는 쉬는 마디가 있다. 악기나 파트별로 쉬는 곳이 다 달라서 각자 책임지고 정확히 카운트해야 한다. 하지만 카운트하다가 잠시 딴생각에 빠져 박자를 놓친다. 또 박치인 나는 정박보다 빠르게, 때론 느리게 내 맘대로 카운트하기도 한다.

카운트할 때 하나 둘 셋 넷, 둘 둘 셋 넷, 무작정 내가 세는 박자에만 열중하기보다는, 멜로디 흐름에 집중하고 어떤 한 포인트를 기억해 들어가는 것이 수월하다. 이때 눈은 지휘자에게 향해 있어야 한다.

이런 방법은 알고 있으나 쉽지 않다. 대화에서도 듣기가 중요하다고 알고 있지만 정말 어려운 것도 사실이다.

왜 그럴까?

첫째는, 합주 때 박자를 내 맘대로 카운트하듯이, 상대의 말을 나의 기준으로 판단하고 해석하기 때문에 상대의 말에 온전히 귀 기울이기 힘들다.

만날 때마다 눈물 흘리며 하소연하는 지인이 있다. 그녀를 만나면 하는 말들의 주된 내용은 똑같다. '시어머니가 나를 힘들게 한다, 친구를 잘못 만나 내 자식에게 나쁜 일들이 자꾸 생긴다.'는 것이다. 오랜 세월 만나 온 그녀의 화제는 변함이 없다. 그런데도 그녀를 계속 만나는 이유는 나라도 그녀의 얘기를 들어주어야 한다는 생각 때문이다. 외부와 담을 쌓고 사는 그녀는 공황장애와 갱년기 우울증을 앓고 있다. 순간 마음을 달리

먹고 극단적인 선택을 할까봐 불안하다. 그러나 오랜만에 만나 똑같은 말들을 하는 그녀를 보는 순간, 나는 바로 '너는 아직도 남 탓을 하고 있구나!'라는 생각이 든다. 내색은 못 하고 그녀의 이야기를 듣고 있으나, 결말이 그려지는 그녀의 이야기에 집중할 수가 없다. '나라도 들어줘야지.' 하고 만났지만, 집중이 안 된다. 이미 그녀를 이해하고 싶은 마음보다 '남 탓을 한다'라는 내 생각이 한 자리를 차지하고 있기 때문이다. 그동안 여러 매체를 통해 들은 풍월이 있어서 '내가 또 판단하고 있구나.' '공감해 주라 했는데 또 잘못하고 있구나.' 하고 알아차린다. '얼마나 힘들었으면 살이 쏙 빠졌을까?' 몰골이 전쟁 난민처럼 되어 버린 그녀가 안쓰러워서

"진짜 너희 시어머니 해도 해도 너무한다."

"그 애는 왜 그러는데? 미친 거 아냐?"

그녀의 말에 맞장구를 쳐 준다. 그러고도 이어지는 얘기를 듣고

"네가 고생이 많다. 네가 전생에 나라를 여러 개 팔아먹었나 보다."

전생까지 들먹이며 동정한다. 이렇게 맞장구치고 동정하는 말이 공감이라 착각하면서.

듣는다는 것은 상대의 말 속에 숨겨진 감정과 욕구를 이해하려는 것이다.

그녀의 하소연은 끓어오르는 거품을 걷어내기 위함이요, 내게 하는 말들이 밖으로 새 나가지 않는다는 믿음이다. 내게 하는 하소연으로 '화랑의 언덕'에 펼쳐진 잔디와 같은 안식을 원하는 것이다. 등에 느껴지는 폭신함과 바람에 살랑살랑 실려 오는 풀 내음, 살짝 찡그리게 하는 따스한 햇살, 쨍하니 맑은 하늘에 가슴이 뻥 뚫리는 후련함, 자연이 가만가만 전해주는 편안함이다. 잠시 아픔을 잊게 해 주는 자연처럼, 나의 듣기도 '그랬구나!' 하는 듯한 끄덕임과 '힘들었겠네.' 하는 따뜻한 눈길, '애썼다.' 토닥이는 손길이어야 한다.

말은 쉬우나 내게는 아직 그런 내공이 없어 흉내라도 내보려고 한다. 그래서 자꾸 끼어드는 나의 판단과 해석을 밀어내고, 온전히 그녀의 말에 집중하려고 애쓴다.

합주 때 내 마음속의 박자보다 지휘자가 지휘봉으로 치는 박자와 멜로디 흐름에 귀 기울이듯이 말이다. 상대의 말을 들으며 판단부터 하는 나를 알아차리고, 다시 듣기에 집중하기를 반복한다. 이는 상당한 수련이 필요하다. 의식하지 않고도 할 수 있도록 해야 한다. 잘하고 싶으나 무진장 어렵다. 그래서 나에게 듣기는 영원한 도돌이표다.

둘째는, 나는 상대의 고통을 빨리 해결해 주고 싶어 한다. 그게 상대를 사랑하는 것이고 의무라 생각하기 때문이다.

'들었으니까, 뭔가 말해줘야 하는데 뭘 말하지?' 하다가 나도 그런 적 있나 기억을 더듬는다. 마침 비슷한 경험이 있으면 '이걸 언제 말하지'라는 생각이 들면서 기회를 노리며 안달한다. 내 맘속의 박자가 빨라진다.

병문안 갔을 때, 한밤중에도 두 시간 간격으로 투약해야 한다는 그녀의 말에 예전에 나도 하루에 일곱 번씩 약을 먹어야 했던 일이 떠올랐다. 먹은 횟수를 헷갈리지 않기 위해 약을 냉장고에 줄줄이 붙이고 메모까지 해서 먹었다. 이 경험이 그녀에게 도움이 될 수 있겠다는 생각이 들어 말할 기회를 찾았다.

나의 경험을 떠올리고 있는 순간 이미 난 상대의 말을 듣지 않고 있고, 상대도 눈치채고 말하는 속도가 느려진다. 그럼 나는 그 틈을 비집고 들어가 내 경험을 말한다. '내가 먼저 겪어 보니 처음에는 번거로웠지만, 익숙해지고 병도 곧 나아지더라고 그러니 조금만 참고 견뎌'라며 내 생각을 그녀에게 주입하기 시작한다. 그러면 상대는 '지금 나한테 그 얘기를 왜 하는 거야'라며 의아해한다. '자기 아팠던 걸 알아달라는 거야? 나보다 자기가 더 고생했다는 것인가?'라는 생각이 들면서 자신의 고통을 알아주지 않는 내가 섭섭하다. 그리고 '내 얘기 듣기 싫다는 것인가? 날 무시하나?' 짜증이 몰려와서 점점 입을 닫게 된다. 그 순간 나도 미묘한 감정의 흐름을 감지하고 눈치를 살핀다. 결국 서로의 표정이 떨떠름해진다.

"전화할 데가 있는데 깜빡했네."

하며 갑자기 그녀가 바쁜 척한다. 나는 '아, 내가 또 실수했구나.' 뒤늦게 깨닫지만 때는 이미 늦어버렸다. 듣고 있는 나는 문제 해결사가 아니다. 말 그대로 나는 병문안을 온 것이지 치료해 주러 온 것이 아니다. 그녀는 투약 시간을 지키느라 번거롭고, 깜빡할까 봐 신경 쓰이고, 그로 인해 치료가 안 될까봐 걱정되고, 잠을 제대로 자지 못하니 괴롭다. 살려고 하는 짓이 더 죽을 것 같다. 홀로 잠 못 드는 밤, 병실에 다른 환자들이 신경 쓰여 희미한 가로등 불빛에 의지해 가며 약을 챙기는 자신이 서글퍼서 한숨을 짓는다. 누구보다도 최선을 다하며 산 대가가 고작 이것이냐는 생각에 억울하다. 자식들만 아니면 이대로 죽고 싶다. 그녀의 뒷이야기를 들으며 내 병은 병도 아니었구나! 실감하면서 그녀의 고통을 이해해 주지 못하고 섣부른 위로를 건넨 내가 부끄럽고 미안하다.

우리는 상대를 이해하기 위해 상대의 말을 듣는다. 듣기는 멜로디 흐름에 집중하듯 입은 닫고, 상대의 눈을 바라보고 상대가 무엇을 말하고 있는지에 주의를 기울여야 한다. 그랬을 때 상대는 이해받고 있음을 느끼고 안정을 찾는다. 그리고 나에 대한 좋은 감정을 갖는다. 나 또한 뿌듯해하며 서로 더 좋은 관계로 이어진다.

그녀는 지금도 힘들면 내게 만나자고 전화한다. 나의 듣기능력이 어설프고 실수를 반복하지만, 들어주겠다는 나의 마음이 전달되었기 때문이라 생각한다. 한동안 연락이 없으면 나는 그녀가 또 땅굴을 파고 있음을 직감하고 운동 가자는 핑계를 대며 밖으로 끌어낸다.

하나 둘 셋 넷, 둘 둘 셋 넷….
오늘도 나는 까딱까딱 발로 박자를 카운트하고, 눈은 악보와 지휘자를 번갈아 보고, 머릿속 딴생각들을 비우며 아름다운 멜로디에 집중하려고 한다.

이런 노력은 박자가 딱딱 맞아떨어지는 그날까지 계속될 것이다. 우리의 대화가 아름다운 멜로디가 되는 그날까지 나의 듣기 연습도 영원하다. ✄

끄덕끄덕

아직 모르는 게 많아
내세울 것 없는 실수투성이
아직 넘어야 할 산은 많지만
그냥 즐기는 거야
아무도 가르쳐 주지 않기에
모두가 처음 서 보기 때문에
우리는 세상이란 무대에선
모두 다 같은 아마추어야
어디로 가야 할지 몰라서
길을 찾아, 내 꿈을 찾아서
나의 길을 가면

언젠가 꿈이 나를 기다리겠지.

꿈을 향해 최선을 다하는 이들을 위한 이승철의 '아마추어'라는 곡으로, 위로와 희망을 담고 있다.
이 노래를 처음 들었을 때, 나이만 먹었지 실수투성이인 나를 위한 노래처럼 느껴졌다. 우리 모두는 인생 1회차를 살아가고 있다. 그래서 실수하고 후회하면서 아마추어의 삶을 살아간다. 언젠가는 실수도 덜하고 여유를 아는 프로가 되어 가며 나이 들어가겠지? 아마도.

새 학기를 시작하는 날, 급식 도우미인 시니어 할머니가 첫 출근을 하셨다. 변경된 업무를 전달하다 순간 당황했다.
"오늘부터는 유리창 창틀부터 닦아주세요. 왜…."
"아 못한다. 이제까지 안 했는데. 왜 일이 더 많아지는데!"
이후 설명을 싹둑 잘라버리며 언성을 높이는 어르신 때문에 말문이 막혔다. 식당이기 때문에 매일 닦아야 한다. 달랑 두 개뿐이지만 그걸 해 주는 대신에 시니어들이 가장 힘들어하는 식당 바닥 청소를 조리원이 도와주기로 했다는 말은 꺼내지도 못했다.
'당신을 좀 더 편하게 해 드리기 위해서다.'라고 말하려 했는데, 너무 날을 세우는 바람에 더 이상 설명하지 못했다. 손사래까지 쳐가며 목소리를 높이는 모습이, 누가 보면 내가 어르신의 것을 강제로 빼앗으려 하나 의심하지 않을까 싶었다. 마침 옆을 지나가는 조리원을 붙잡고
"나보고 창틀 닦으란다."
하고 일러준다.
"우리가 깨끗하게 닦아놨으니 실~ 한번 닦으면 돼요."
하니
"뭐라카노!"
조리원의 말이 더 서운했는지 펄쩍 뛴다. 어른이 왜 저래, 듣지도 않고 소리부터 지르고, 내가 생각한 어르신의 모습이 아니었다.

늘 그럼하고 고개를 끄덕이는 것
늘 그럼그럼 어깨를 토닥여 주는 것
늘 그렁 눈에 밟히는 것

나는 어른이라면 대부분 최영철 시인의 '늙음'이란 시 같을 줄 알았다. '그렇구나!' 고개를 끄덕이며 인정해 주고, '애썼다' 어깨를 토닥이며 위로하고, 안타까워 눈시울 적시며 함께 마음

아파하는 사람. 끄덕일 줄 아는 사람이 어른이라 생각했다.

  20대 때는 주변을 의식하느라 예민했고, 부정적인 반응에 까칠하게 대응하고, 날을 세워서 주변 사람들과 삐걱거리는 날이 많았다. 새벽부터 밤늦도록 죽을 둥 살 둥 열심히 살았는데 잠자리에 누우면 후회와 공허함이 밀려왔다. 그러면서 나와 다르게 좀 덜 삐지고, 좀 더 느긋하고, 좀 더 둥그스름한 이들이 어른이지 않을까 생각했다. 어쩌면 그런 어른에게 위로받고 싶어서일 것이다. 그 시절 나는, '아마 마흔쯤 되면 나도 그리되어서 누군가를 위로하고 품을 수 있겠지' 생각했다.

  어느 날 문득, 글자를 보기 위해 돋보기를 찾고 늘어가는 주름살을 보면서 '아~ 나도 늙었구나!' 실감한다. 마흔을 훌쩍 넘기더니 어느새 쉰도 막바지로 달려가고 있는 지금, 나는 어떠한가? 어른이 되었나?

  세월이 가면 자연스럽게 늘어나는 나이와 주름, 뱃살처럼 나의 끄덕임도 그러했으면 했다. 그러나 때때로 갸우뚱하는 나를 본다. 나는 '이러해야만 돼!' 하는 나만의 틀이 있어서 그에 맞지 않으면 '왜 저래? 이상해.'라며 갸우뚱한다. 어떻게든 그 틀에 꿰맞추려고 애쓰는 소리가 자갈길을 가는 빈 수레처럼 요란하다. 아직은 내가 그리는 어른의 모습과는 거리가 멀다. 빈 수레에 짐이 올라가면 덜 요란하듯, 배움과 실천이 하나씩 올려지면 서서히 고요해지겠지?

나는 주변 사람들이 '그 나이에 그거 배워서 뭐 하려고?' 하는 것들을 계속하고 있다. 처음에는 호기심으로, 또 재미있어 보이고, 더러는 멋있어 보여서였다. 나의 직업이나 평소 하던 것과는 전혀 상관없는 그러면서 약간 어렵고 때론 버거운 것들이다. 그래서 반복적인 연습이 필요하고, 높은 산을 등반하는 것처럼 늘 헐떡이고, 마음도 오르락내리락한다. 그러나 산에서 내려와서 그 산을 올려다볼 때는 내가 해냈다는 성취감으로 뿌듯하다. 시간이 지나면 후들거리던 다리에 차츰 근육이 붙어가듯 자신감이라는 근육도 생긴다.

또 배움터의 친구들과 함께하면서 서로를 서서히 물들이며 성장한다. 그곳의 친구들은 나이도, 하는 일들도 다양하다. 그들을 통해 내가 경험하지 못한 또 다른 세계를 간접적으로 체험한다. 똑같은 상황에서 다르게 반응하는 걸 보면서 '아~저렇게 생각할 수도 있구나!', '아? 저래도 괜찮구나!' 하면서 '이래야만 돼' 했던 견고한 성이 점점 허물어져 간다. '와~ 저 친구는 어떻게 모든 사람을 편하게 대하지? 비결이 뭘까?' 하면서 유심히 관찰하고, 닮아가려고 따라 해 본다. 진한 원색에 가까웠던 내가 때로는 무지개 색깔로, 때로는 파스텔 톤으로, 또는 경계가 흐릿한 그라데이션이 된다.

  나이 들어서 하는 배움은 상대평가가 아니라 절대평가다. 나는 배움의 속도도 더디고, 뒤돌아서면 잊어버리는데, 남들은 잘하고 있어서 엄청 부러워 했다. 그러나 의외인 것에서 나와 같은 허당기를 발견하고, '저 사람도 나랑 비슷하네' 하며 안도한다. 모두가 모든 게 완벽할 수 없음을 알고 마음 한쪽을 내려놓는다. 어느덧 비교는 도토리 키재기가 되고, 옆을 보면서 하는 상대평가가 의미 없음을 깨닫는다. 그러다 지나온 나를 돌아보면, '어? 나도 할 수 있네. 나도 괜찮은 사람이네.' 하고 뿌듯해한다. 나에 대한 끄덕임이다.

  고정된 나만의 틀이 나를 모난 어른으로 만들었다. 그런 내가 공부하면서 내 마음도 아침과 저녁이 다르듯, 시시각각 변하는 상황을 매번 같은 틀에 끼울 수 없음을 깨닫는다. 고정된 틀에서 여러 가지 모양을 갖게 되고, 다양한 색깔도 칠할 수 있었다. 그러면서 '나는 이런 사람이구나' 조금씩 이해하고, 나를 너그럽게 대하며 '잘하고 있네' 하고 스스로 인정할 수 있게 되었다. 평생 함께 사는 사람은 나다. 배우자도 자식도 아닌 바로

나. 그래서 그럼하고 끄덕이며 인정해 주고, 누군가로부터 받고 싶은 위로와 공감을 내가 나에게 해 주어야 한다.

이렇게 나에 대한 마음이 조금씩 둥글어지면서 상대를 바라보는 시선 또한 '왜 그래? 이상해.' 가 '그럴 수도 있지.'로 변했다. 상대를 고정된 하나의 틀로 바라보다가, 이제는 여러 가지 모양과 다양한 색으로 보고, 상대의 다양한 모습을 이해하고 인정하게 된다. 상대를 향한 끄덕임이다.

이것이 아마추어에서 프로가 되어 가는 과정이며, 끄덕일 줄 아는 어른이 되어 가는 모습일 것이다.

그날 시니어 어르신이 파르르 떨며 반응했지만, 그분 처지에서는 그리 생각할 수도 있겠다는 생각을 해 본다. 또 그분 역시 일을 하는 동안 화가 가라앉으면 후회도 되고 무안하겠지, 라는 생각이 들었다.

"딸기 좀 드시고 가세요."

일을 끝내고 문을 나서려는 어르신을 붙잡았다.

"배부르다."

말은 그렇게 했지만 목소리는 조금 누그러져 있었다. 그래서 다시 얘기했더니 바뀌는 게 싫다 하셨다. 더러는 똑같은 일을 하는데 순서만 조금 바꾸어도 적응하기 힘들어하는 사람이 있다. 나 역시 변화가 두렵고, 적응을 못 하고 허둥대는 내가 싫은데 어르신은 오죽할까 싶었다. 아무리 일이 좀 더 편해지는 상황일지라도 상대가 싫다는데, '굳이'라는 생각에 기존의 방식대로 하기로 했다.

 나는 여전히 실수투성이 아마추어지만, 꿈을 간직한 친구들을 만나서 함께 공부하며, 조금씩 나아지고 있음을 느낀다. 아직 넘어야 할 산은 많지만, 언젠가 그럼하고 고개를 끄덕이고, 그렁그렁한 눈으로 세상을 보고, 그럼그럼 어깨를 토닥여 주는 진짜 어른인 내가 기다리겠지?

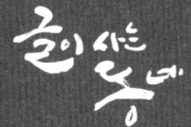

변신 이야기

변신은 본래의 나를 찾아가는 과정이다.
살아야 한다는 간절함이 또 다른 나를 만들고,
현실이 아닌 상상의 공간으로 이동해 나를 살피고,
현실을 직시하고 문제를 풀어갔다.
그리고 그 어떤 힘든 순간에도
포기하지 않는 삶을 배우게 했다.

(본문 중에서)

정선영

내가 꿈꾸는 바다는 세일링 요트를 타고 먼바다를 나가는 것입니다. 깊은 심연의 바다에서 편안한 나를 만나고 싶기 때문입니다. 내 몸이 돛대와 하나 되어 파도를 이해하고 바닷바람을 읽으며 그것을 이용해 내가 원하는 방향으로 나아가고 싶습니다. 망망대해에서 떠오르는 일출과 붉게 물들어 가는 일몰을 보며 주위의 작은 무인도를 탐험하는 자유의 바다를 만나고 싶습니다. 오늘도 나는 글을 쓰며 시끄러운 고독 속 넘어 편안함에 이른 나를 만나러 갑니다.

정선영

보험구미호 변신 이야기

보험구미호 변신 이야기

나를 보고 사람들이 슬금슬금 자리를 피한다.
왜냐하면 나는 보험 구미호이기 때문이다.

'나는 왜 변신할까?'
 변신의 이유는 외부의 위험으로부터 자신을 지키기 위한 보호 본능 때문이다. 살아남기 위한 생존의 이유이며, 자신을 찾아가는 과정이고, 상호 공존하는 방법을 알아가는 것이다.

 시아버님 부도 후, 찾아간 보험업은 나를 첩첩산중으로 데려갔다. 아침이 되면 7cm 하이힐을 신고 7층 계단을 올랐다.
 내 손에는 노트북이 쥐어졌고 검정 투피스 정장, 높은 하이힐.

커리우먼의 겉모습과는 달리 내 안은 긴장감으로 떨고 있었다. 더 오래 살기 위해 인간으로 변신한 구미호처럼 더 많은 돈을 벌기 위해 나는 보험 구미호로 변신했다.

"부자가 되려면 은행을 떠나라"는 책을 들고 사람들을 찾아다녔다. 구미호의 등장에 사람들은 슬금슬금 그 자리를 피했다. 공포감보다 더한 씁쓸함이 밀려왔고 공허한 만큼 나는 배가 더 고파졌다. 저녁 해가 지면 금융에 관련된 자격증을 따기 위해 독서실 굴로 들어가 책을 파헤쳤다.

'사람들에게 무엇을 줄 수 있을까?'

나의 생존을 위한 판매 목적만이 아니라 내가 줄 수 있는 이로움은 어떤 것일까?

돌이켜보면 그때 나는 열심히 땅을 파는 행위에 스스로 만족하고 배고픔을 달랬던 것 같다.

늦은 밤, 아파트 통로에서 엄마 구두 발자국 소리가 또각또각 들려온다.

그때부터 아이들은 옷장 속으로 책상 밑으로 숨기 시작한다.

'꼭꼭 숨어라 머리카락 보일라' 엄마를 기다리던 아이들은 숨바꼭질 놀이를 하며 웃픈 구미호 엄마를 맞아주었다.

엄마가 아이들을 지키고 있다는 착각에서 벗어나 오히려 아이들이 엄마를 위로하고 힘이 되어 지켜준다는 생각이 들었다. 변신은 자신을 지키는 것을 넘어서 서로를 보호하고 지켜나가는 것임을 알 수 있었다.

십 년이 지날 쯤,
나는 금융 자격증으로 철갑한 구미호로 다시 변신했다.
피부 거죽은 사람들에게 기대하고 상처받은 만큼 딱딱해졌다.
악어 거죽처럼 거칠고 단단한 조직의 괴물로 변해 있었다.
그런 나에게 찾아온 병마는 딱딱한 거죽 사이로 눈물이 되었다.
흘린 눈물만큼 조직은 말랑해졌다.
지금까지 변신이 나를 지켜온 이유였다면 나에게 다시 물어본다. 진정으로 나는 무엇을 지키려고 했을까?

가족, 고객, 자연, 자산 같은 것일까. 꼭 그런 것만은 아닌 것 같다. 가만히 눈을 감고 나에게 질문하며 나는 외부에서 내 안으로 향하기 시작했다. 일과 관계되는 사람들을 피하고 싶었다. 아니 인정하고 싶지 않은 현실을 도피하고 싶었다.
그래서 책을 읽기 시작했다.
매주 독서토론에서 한 권의 책을 의무감으로 읽었다.
책을 읽을수록 현실에 동떨어지는 불안감이 느껴졌다.

먹고 살기도 바쁜데 책을 읽을 시간이 있나.

마음이 불편한데 책이 읽히나. 그런데 책은 읽혔다.

왜냐하면 도피처인 책 속에 내가 느껴보지 못한 간접 세계가 펼쳐져 있고 나보다 더 많이 삶을 고민한 사람들이 기록한 책들이 수없이 많았기 때문이다.

책은 이상이 아니라 그 시대를 치열하게 고민한 사람들의 현실이었다. 그 사람들은 책을 통해 자신의 존재감을 드러내고 자신의 이야기를 알리고 싶어 했다.

나도 그러했다. 내가 진정으로 지키고 싶은 것은 나의 존재감이었다.

그때 나에게 존재감이란 나와 아이가 한 몸이라 인식하는 모성애였다. 왜냐하면 경제적인 어려움으로 가족들은 흩어졌고 나는 아이들이 독립할 수 있는 성인이 될 때까지 어떻게든 책임을 져야 했기 때문이다.

위험. 나는 일찍 경제적인 위험을 경험했다. 그 경험은 내가 하는 보험업과 일맥상통했다.

나의 주관적인 경험을 넘어서 객관적이고 전문적인 이해를 돕기위해 나는 그렇게 독서실 굴을 파헤쳤던 것이다.

변신은 본래의 나를 찾아가는 과정이다. 살아야 한다는 간절함이 또 다른 나를 만들고, 현실이 아닌 상상의 공간으로 이동해 나를 살피고, 다시 현실을 직시하고 문제를 풀게 했다. 그리고 그 어떤 힘든 순간에도 포기하지 않는 삶을 배우게 했다.

지금까지 7cm 하이힐이 나를 지켜온 자존심이었다면 이제 그 하이힐에서 내려와 털이 밝고 흰 꼬리 아홉 개 달린 상서로운 구미호로 다시 변신한다.
앞으로 부모가 될 나의 아이들과 미래의 아이들이 함께 읽을 동화.
옛 이야기를 통해 현실의 문제점을 아이들의 눈으로 풀어가는 글을 쓴다.
왜냐하면 분신같은 내 아이들에게 작은 위로 작은 힘을 주고 싶기 때문이다.

지은이의 말.

고대부터 구미호는 풍요의 상징으로 해석합니다.
중국 당나라 시대에는 사당을 짓고 여우신를 모시기도 하고 일본 역시 여우를 농경과 풍요의 신으로 이나이의 사자로 여기며 여우를 신령하고 상서로운 동물로 여겼습니다.

우리나라는 단군조선 시대를 기록한 〈규원사화〉에서 "털이 밝고 희며 꼬리가 아홉 개 달린 짐승이 서책을 입에 물고 나타났는데 이는 매우 상서함을 나타내는 일이라 나라에서 연회를 열고 '조천무'라는 춤을 지어 췄다"라는 내용으로 구미호가 사물을 헤치지 않는 성스러운 동물이라고 기록되어 있습니다.

우리가 전설의 고향을 통해 잘 알려진 서당고개 구미호 이야기는 여우가 땅을 파는 습성 때문에 때론 무덤을 훼손하고 시체를 먹는다는 괴담 탓에 백년, 천년을 산 여우는 신수나 요괴로 변신하지 않을까 하는 사람들의 상상에서 비롯된 이야기라고 합니다. 〈규원사화〉기록 이후 구미호에 대한 기록은 별로 없습니다.

20세기에 초부터 구미호가 우리나라에 뿌리를 내리고 지금 21세기 구미호 이야기가 다시 엮어지고 있습니다.

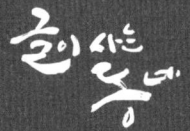

……너의 꽃을 피우는 때가 있다.

"나, 할 수 있을까…?"
"넌, 할 수 있어.
망설이지 말고 피하지 말고
도전해 봐, 지금"
(본문 중에서)

최수미

최수미

망설이지 말고, 나의 꿈을 향해
멈추지 말고, 나의 꿈길로 나아가
가장 나다운 꽃으로
피어나고 싶어.

멈춤은 한 발짝 나아가기 위한 쉼표다
망설이지 말고 도전 해 봐
블루베리 찜질방
엄마, 막창에 소주 한 잔 어때?
지속하고 싶다면 자연스러워야 한다

멈춤은
한 발짝 나아가기 위한 쉼표다

일어나야 할 때쯤이라는 것을 육감적으로 느끼며 벽시계로 눈이 향한다. 시침과 분침은 아직 취침 시간을 가리키고 있다.
잠시 후 먼저 일어난 남편의 목소리가 들린다.
"출근 준비 안 하나?"
"아직 더 자도 돼~!"
귀찮은 듯 대답하자 남편은 시간을 얘기하며 다그친다.
'아이쿠야! 시계가 멈췄다!' '늦었다.' 시계가 멈춘 걸 뒤늦게 알아차리고서는 발등에 불이 떨어진다. 멈춘 시계를 보며 삶에 대입해본다. 삶도 자의 또는 타의에 의해 넘어지거나 멈추게 되는 순간이 있다. 본인 패턴대로 잘 가고 있다가 예기치 못한 봉변을 당하면 멈추기도 하고 느려지기도 한다. 당황스럽고 문제가 발생한 순간이다.

멈춤은 무엇일까? 사고나 고장 또는 강제에 의해서 움직임이나 동작이 그친 상태이다. 멈춘 상태가 길어지면 굳어지고 만다. 몸이 멈춘 상태가 되면 근력은 빠져 힘이 없어지고 정신은 피폐해지면서 아무런 의욕도 생기지 않게 된다. 반면 자율적 멈춤이 필요한 순간도 있다. 이 순간을 잘 살펴야한다.

난 3년 전 새로운 도전을 했다. 학교 방과 후 수업에 과목을 개설하기로 마음을 먹은 것이다. 깐깐한 서류 전형, 면접을 무사히 통과해서 과목을 개설하게 되었다. 간절히 바랬던 수업이었기에 그 기쁨은 이루 말할 수 없었다. 꿈나무들과 함께 할 수업을 생각하며 들떴고, 그간 쌓아온 수업의 경험과 역량을 잘 펼쳐나갈 것이라는 기대감과 설렘이 가득했다. 하지만 거기까지였다. 모두가 처음 경험해보는 코로나 바이러스로 인해 일상이 마비되어버렸다. 코로나 바이러스는 나아가고자 한 나의 의지와 꿈을 멈추게 했다. 안타까움과 아쉬움에 젖기도 잠시, 일상생활조차도 제동이 걸렸다. 안전과 건강만이 우선시 되었고 혹여 코로나균에 감염이 될까하는 염려에 모든 계획에 적신호가 켜졌다. 사회적 거리두기로 인해 지금까지 아무렇지도 않게 해 왔던 일상생활이 보장되지 않았다. 모든 것이 조심스러웠다. 대인기피증이 생길 정도였다. 아이들 수업은 학교가 아닌 가정에서 원격으로 이뤄지고, 기대했던 방과 후 수업은 기약없이 연기되었다. 희망은 절망으로 바뀌었다.

끝날 것 같지 않은 코로나팬터믹 상황 앞에서 아이들과 수업하는 모습은 나에게는 더 이상 없을 것 같이 느껴졌다. 하지만, 희망의 끈을 놓을 수는 없었다. 그렇게 하기 싫었다. 그러기엔 내 안에서 솟구치는 못다 핀 꿈이 너무 컸다. 곧 일상회복이 될 것이라는 희망을 품고 또 품었다. '멈춘 시간을 잘 활용한다면 재개할 때 더 나은 모습이 되지 않을까?'를 되내이면서 말이다.

언제든 '준비 요~땅' 하면 출발할 수 있는 선수이고 싶었다. 멈춘 시간을 활용해 더 좋은 수업을 할 수 있는 방법을 궁리했다. 청소년복지 관련 공부를 시작했다. 등교해서 공부하는 것보다 배로 시간과 노력이 필요했다. 왜냐하면 원격으로 모든 수업을 이수를 해야 했고 차시를 마칠 때마다 요점정리와 함께 몇 문항씩의 문제를 풀어야했기에 졸거나 건너뛰어 강의를 들을 수 없었고 집중을 해야 했다. 각 차시에 따른 과제까지 기한 안에 해야 했기에 **빡빡**한 나날의 연속이었다. 이 과정에서 한 템포 늦춰지면 과제는 금세 불어나고 밀린 과제와 진행해야 하는 과제까지 하느라 정신없는 날이 되었다. 시행착오 속에서 계획의 중요성을 절실히 깨닫고 반복되지 않기 위해 애썼다. 그 과정을 수행하면서 취득한 자격증은 덤이었다. 멈춤의 시간을 성장의 기회로 만드니 알찬 나날로 채워졌다. 그렇게 2년의 시간이 지나자 코로나의 위세도 점점 약화되기 시작했다. 나에게도 다시 기회가 찾아올 것이라는 희망이 강해졌다. '드디어'라는 벅찬 순간이 찾아왔다. 3년 전 도전했던 것처럼, 아니 그 이상으로 도전의 순간은 짜릿하고 황홀하고 행복했다. 예상보다 길어진 기다림이었지만 고대했던 찰나는 오래달리기에서 결승선을 컷팅하고 들어가는 순간과 같았다. 코로나로 인한 강제적 멈춤이었지만 나의 꿈을 위해 나를 성숙시키는 자율적 멈춤으로 전환할 수 있었기에 멈춤의 시간은 나를 움직이게 하는 강력 밧데리가 되었다. 만약에 멈추어버린 암울한 현실에 치중하여 자기계발을 등한시하고 희망도 품지 않은채 하루하루를 무의미하게 보냈더라면 어떻게 됐을까?

쉼의 자리와 멈춤의 자리를 알아차리는 것은 중요하다. 긴 여정에 잠깐의 쉼은 그 다음 이어질 여정에 에너지를 보충해 준다. 강제적인 멈춤이라 하더라도 때에 맞는 쉼의 시간으로 만들 수 있는 것이다. 숨고르기를 하며 더 힘찬 한 걸음을 내딛기 위한 '일보후퇴 이보전진'이라는 각오로 자신을 돌아보고 살피며 정비할 수 있는 시간으로 말이다. 또한 멈추었을 때 자신의 길을 살피지 못한다면 나아가고 있는 방향이 옳은지조차 알지 못한 채, 하던 모습대로 쭈욱 살아가게 되기도 한다. 멈춤이 아닌 쉼의 순간으로 받아들이기 위해서는 조급해서는 안 된다. 때가 올 것이라는 믿음으로 기회를 기다리는 인내심이 필요하다. 지금까지 해 온 과정들에 대해 객관적으로 평가도 하고 부족한 부분, 더 필요한 부분을 점검하고 멈추게 된 원인을 찾아 차근히 풀어나갈 수 있는 열쇠(건전지)를 찾으면 된다.

- 멈추었을 때 어떻게 해야 하나?(시계가 멈춘 상황)
- 그렇다면 언제 다시 나아가야 할까?(건전지 충전하는 시기)
- 나는 지금 멈춰있는가, 나아가고 있는가?(시계 상태)

벽시계를 바라본다. 약발 받은 초침이 열심히 움직인다. 분침도 박자 맞춰 한 자국씩 따른다. 각자 자리에서 제 역할을 하는 모습이 힘차다. 나도 벽시계를 따른다. ✒

망설이지 말고 도전 해 봐

 길을 가다 어느 멋진 집 앞에서 발걸음을 멈췄다. 감탄사가 나올 만큼 눈길을 끌었다. 넓은 초록 잔디밭, 초록이랑 어우러지는 주황색 지붕과 정원이 시원하게 보일 듯한 통유리 창문, 가꾸어진 정원은 고요함과 따뜻함 또 편안함을 안겨주었기 때문이다. 아리따운 건물이 자리하기 이전에는 어떤 곳이었을까. 그저 옛 집터였거나 논밭으로 휑한 모습이지 않았을까. 사람들 눈길조차 받지 못하던 곳에 눈에 확 띄는 건물이 생겨난 것이다.

 한 눈에 마음을 사로잡으며 발걸음을 멈추게 한 건축물처럼, 내 삶에도 새롭게 지어야할 건물이나 이미 세워진 건물에 리모델링을 해야 할 때가 있다. 새로운 변화가 필요한 순간이다. 무에서 유를 생각해 내고 변화된 모습을 떠올리며 실천했을 때 한 걸음 나아가게 된다. 하지만, 될까 말까 고민만 하다 안 될 것이라는 판단으로 시작조차 하지 않는 것이 많다. 해 보지 않은 것은 선뜻 시작하는 마음을 내기가 쉽지 않다. 처음이기에 당연히 두려움도 있고, 못해낼까 봐 걱정이 앞서기도 한다. 시간적 여유, 경제적인 상황들도 따져보게 된다. 또, 도전한 이후에 일어날 수 있는 불확실한 상황들에 대해서 미리 염려하고 어떻게 할 것인지에 대한 결과도 짚어보게 된다. 하나하나 살피고 체크하다 보면 자신감은 더 떨어지고 도전이라는 단어는 점점 뒷걸음질 치게 된다. 이때, 정말 내가 머뭇거리다 하지 않는다면 훗날 후회하는 일이 없을지 질문을 던져봐야 한다.

'너, 정말 괜찮겠어?' '그래, 상관없어.'라는 대답이 시원하게 나오지 않는다면 후회할 가능성이 있다는 것이 아닐까. 선택을 하든 말든 내 삶의 모습에 차이가 없다면 상관없다. 하지만 원하는 것을 선택하지 않아서 내 삶에 긍정적인 변화가 없다고 느낀다면, 잘못된 선택에 대한 자책과 미련은 커진다. 시도를 했더라면 얻게 될 경험들이 분명 있었다는 것을 잘 알고 있기에 후회는 더 강해지는 것이 아닐까.

몇 달 전 같이 공부한 지인들과 함께 요양보호사 시험 원서를 접수했다. 꼭 필요해서는 아니었다. 자격증을 취득할 수 있는 조건이 유리했고, 기회 될 때 도전해 보자는 뜻이었다. 또, 조금만 공부하면 된다는 말에 희망을 가졌다. 다 같이 하면 서로 도움을 주고받을 수 있기에 의지도 되었다. 원서 접수 후 초반에는 시간이 많다는 이유로 거들떠도 안 보다가 시험 2주 전부터 모여서 공부하자라고 마음을 모았다. 하지만 신경은 쓰였지만 계획한 바와 달리, 각자 일정들이 바빠서 모이기는 힘들었다. 나 역시도 바쁜 일정 속에 공부할 시간을 억지로 넣기에는 벅찬 상황이었다. '어떡해야하나?' '시험을 쳐야하나 말아야 하나' 공부는 안했고 날짜는 다가오고 ...... '포기할까?....그래, 포기하자.' 갈피를 잡지 못한 마음은 하루에도 여러 번 롤러코스터를 타고 있었다. 그러다가 일찌감치 시험을 포기하고 마음이 편한 쪽을 선택했다. 일정을 지우고 책을 보지도 않았다. 시험에 대한 스트레스가 없으니 마음이 편안하고 좋았다.

하지만 좋은 날도 몇 일 뿐이었다. 해야 할 일을 미뤄둔 것처럼 조급하고 불편했다. 벼락치기라도 해서 도전해야 되지 않을까라는 생각이 시시때때로 치고 들어와서 다시 또 롤러코스터를 타게 했다. 드디어 시험이 코앞이던 전 전날 밤이 되자 회피하는 내 모습이 미워지기 까지 했다. 처음에 내가 그렸었던 모습은 사라져 버렸고, 이대로 포기한다면 스스로가 비겁하고 한심할 것 같았다. 시작도 하지 않고 지레 꽁무늬를 뺀 모습이 안타까웠고 아쉬움이 남았다. 결과가 중요한 게 아니었다. 결과를 어림짐작하며 시작조차 하지 않는 모습이 못난이였다. '안되겠다, 늦었지만 할 수 있는 최선을 다하자, 어찌 됐든 부딪혀는 봐야지, 남은 시간이 있으니 욕심내지 말고 응시는 해야겠다'는 생각이 들었고, 결과 보다는 다음번을 위해 어떤 유형으로 출제되는지 겪어 보는 것도 큰 도움이 되리라는 생각으로 책상에 앉았다. 그 순간, 눈꺼풀은 내려오고 피곤했지만 최선을 다하려는 의지가 샘솟았다. 겨우 몇 시간이지만 집중해서 책장을 넘겼고, 아름다운 도전과 함께 기대하지 않은 결과까지 얻었다. 무엇보다 포기하지 않은 내가 마음에 들었다.

지금껏 나에게 회피는 편안함이었다. 현실에 안주했다. 딱히 급할 것도 아쉬울 것도 없었기에 망설이다 포기해 버리는 것이 많았다. 모든 조건이 맞춰지지 않으면 절대 할 수 없다는 생각이 지배적이었고, 과연 내가 할 수 있을까라는 염려는 소심함과 두려움으로 다가왔다. 그랬기에 할 수 있는 것이 많지 않았다.

지금의 나에게 도전은 전래동화에 나오는 '이상한 샘물'이다. 마실수록 젊어지는 샘물처럼 도전의 짜릿함이 발돋움판을 만들어 새로운 도전을 할 수 있는 샘물이 되어주기 때문이다. 그래서인지 요즘의 나는 '해 보자'라는 의지가 강해졌다. '난 몰라, 난 못해' 하며 회피하기 보다는 부딪쳐보려고 한다. '해보지 뭐, 알아보면서 하면 되지' 하는 마음이 앞선다. 될 수 있고 할 수 있는 가능성을 찾으려고 눈을 크게 뜨고 귀 기울이며 마음을 열어보려 노력한다. 의도하지 않아도 몸이 먼저 나서고 있는 나를 만날 때가 많다. 시도해 봄으로써 느끼는 희열감, 만족감 등이 더욱 신이 나게 해 주기 때문이다.

후회하지 않으려면 하고 싶은 것이 생겼을 때 불가능한 요소들보다 할 수 있는 요소들을 찾으며 동기부여가 될 수 있는 생각들을 찾아봐야한다. 방법을 모색하다 보면 망설임 보다는 도전하고 싶은 마음이 더 강하게 자리하게 될 것이다. 특히나, 해도 후회하고 안 해도 후회한다면 해 보고 후회하는 게 맞지 않을까. 될지 안 될지, 할 수 있을지 없을지는 시도를 해 봐야 알 수 있다. 결과보다는 직접 부딪히며 느끼는 과정 속에서 삶의 모습이 변화한다는 것을 잘 알고 있지 않는가. 이렇게 1년, 10년이 지나면 발걸음을 멈추게 하고 감탄사를 자아냈던 그 집의 모습처럼 아름다운 자태를 뽐내며 자신만의 빛을 제대로 뿜어내는 내가 될 것이다.

"나, 할 수 있을까?"
"넌, 할 수 있어. 망설이지 말고 피하지 말고 도전해 봐, 지금."

블루베리 찜질방

동상이몽이란 말이 있다. '같은 침상에서 서로 다른 꿈을 꾼다'는 뜻으로, 겉으로는 같이 행동하면서 속으로는 각기 딴 생각을 한다는 말이다. 즉, 같은 입장이고 일인데도 목표가 저마다 다름을 일컫는 말이다.

주말이 다가오면 션샤인농장의 부부는 각자 생각이 달라진다. 주말을 기다리는 남편, 주말이 두려운 아내다. 무엇 때문일까? 농장의 6, 7월은 블루베리를 수확하는 달이다. 무더위가 시작되는 6월부터 여름휴가 때까지 휴일은 물론 주중, 아침과 저녁으로 농장에 시간을 투자해야 한다. 블루베리가 익어가면 아내의 마음도 함께 타 들어간다. 남편은 익어가는 블루베리를 수확하고 납품하며 그 수익금으로 농장에 더 투자를 하려는 계획으로 활력이 넘친다. 하지만, 아내는 휴일을 반납해야 하는 현실에 자유를 뺏긴 기분이 되어 달갑지 않은 주말이 된다. 금요일 오후면 주말을 어떻게 보낼까하는 생각이 아니라 늦잠도 못자고 농장 갈 생각에 압박감이 밀려온다. 직장일로 인한 스트레스와 피로를 주말여행이나 휴식으로 풀지 못하고 오히려 농장일로 노동을 해야 하니 몸도 마음도 배로 힘든 상태가 된다. '이 과정을 한 달 이상 이어가야한다니.....' 모른 척 하기에는 양심이 허락하지 않기에 이러지도 저러지도 못하고 마음만 더 힘들다. 이 반복되는 상황을 어떻게 지혜롭게 대처하며 보낼 수 있을까 고민하다 보니 피할 수 없는 상황을 즐겨보는 방향으로 전환시켜야겠다는 생각이 들었다.

난 평소 찜질방을 좋아한다. 몸에 열을 내고 땀을 내기 위해 찾는 곳이다. 계절에 상관없이 찾다보니 더운 여름날도 예외는 없다. 찌뿌둥한 몸을 개운하게 하는 데는 찜질만한 것이 없기 때문이다. 얼마 전에도 업무로 피곤했기에 밤새워 찜질을 하며 피로를 풀려고 시간과 돈을 투자해 찜질방을 찾았다. 이런 나에게 가족들은 얘기한다.
"이 날씨에 찜질방 하나? 찜질방 누가 가겠노? 혼자 가서 맘껏 찌지고 온나."

이 무더위에 웬 찜질방을 가냐고 하겠지만 그 속에서 간만에 땀을 흠뻑 흘리고 났더니 몸이 가뿐해졌다. 역시 찜질은 피곤에 지친 나에겐 최고의 명약이다. 다시 일상으로 돌아온 나는 금요일 밤 무거운 마음으로 잠자리에 들었다. 날이 밝자마자 알람 설정을 하지 않아도 눈이 떠진다. 이른 시간이라 도로는 한산하여 순식간에 농장 앞에 다다른다. 더 넓게 펼쳐진 블루베리 나무들을 보며 눈치재지 못하게 뒤돌아서서 큰 숨을 몰아쉰다. '힘든 하루가 되겠네.'

차 한 잔을 나눠 마시고 장비를 장착하고 현장으로 투입된다. 일순간 찜질방이 머릿속을 스치며 사고의 전환을 일으켰다. '이곳이 또 하나의 찜질방이 될 수 있지 않을까? 일부러 찜질방을 찾아가서 돈 들여 땀 빼고 피로를 푸는 방법도 있지만, 남편을 도와 농장일을 하며 땀까지 빼면 일석이조의 행운을 잡는 것이 아닐까'라는 생각이 머리를 스쳤다. 갑자기 기분이 업 된다. 바로 설정에 들어간다. 휴일의 편안함을 잡아먹는 농장이 아닌 쌓인 피로를 풀 수 있는 찜질방으로 바꿨다. 평소 닫혀 있던 땀구멍을 제대로 열어보자는 마음을 가지니 오히려 뜨거운 태양이 한증막 불가마처럼 고마웠다. 땀구멍을 열기 위해 좀 더 빠르게 손을 움직이고 걸음을 옮겨가며 블루베리와 눈맞춤을 했다. 뙤약볕은 부족한 비타민 D까지 줄 것이다. 땀이 흐르길 기다리며 한 알 한 알 블루베리를 땄다. 기다렸던 땀방울이 이마에 맺힌다. 묘하게 기분이 좋아진다. 땀이 흐르고 마르고를 반복하며 바람에 땀 냄새가 전해진다. 첫 번째 고랑에서 시작된 찜질방 설정은 작업 진도를 빠르게 해 주었다. 네 번째 고랑까지 마쳐야 집에 갈 수 있다는 버겁고 지루한 목표는 어차피 하는 것, 더 열심히 하자라는 마음으로 바뀌었다. 해는 중천에 걸리고, 한 숨 돌리는 찰나 '생각이 행동을 만든다' 고 느껴진다.

의무감에 출동하는 전쟁터 같았던 농장이 한 끝 차이 생각으로 지상 낙원, 힐링 하는 건강 숲으로 변신했다. 고랑에 엉덩이 깔고 올려다본 나무는 그늘을 내려주었고 초록빛, 붉은빛, 보랏빛으로 물드는 동그란 열매는 한 알 한 알 영글게 한 농부의 정성과 사랑을 고스란히 느끼게 했다. 한 알 따서 먹으면 입안을 촉촉하게 적시며 갈증까지도 해소해 주었다. 노동이 힐링이 되는 순간들이었다.

남편은 말한다.

"오늘은 딴 짓 안하고 진도 잘 나가네?"

평소 내색은 안했지만 억지로 하는 모습을 보며 못마땅했었다는 느낌이 묻어나면서 평상시 마음을 들킨 것 같아 미안한 마음과 민망함이 겹친다.

이처럼, 같은 상황이지만 나의 상상력을 바탕으로 바꾼 생각이 온몸에 자극되어 행동의 변화를 불러왔다. 다른 마음, 다른 생각이 얼마만큼 행동을 다르게 하고 상황을 바꿀 수 있는지 깨닫게 되었다. 일상을 어떤 사고로 대할 것인가?

늘 하던 패턴과 방식이라면 새로움도 변화도 도전도 없을 것이다. 같은 모습으로 생각하고 행동하는 삶은 몸도 마음도 피폐하게 만든다. 다양한 상상력을 동원하여 생각을 펼치면 반복되는 모습이 지겹고 힘든 것이 아니라 새로운 경험과 신선한 삶의 활력을 느끼게 할 것이다. 생각 하나 바꿨을 뿐인데 세상이 온통 밝고 아름답게 보이는 경험을 한 찜질방 체험이었다. 난 주말이면 블루베리 찜질방으로 간다. ✌

엄마, 막창에 소주 한 잔 어때?

화요일 아침, 잠결에 딸은 얘기한다.
"엄마, 나 막창 먹고 싶어. 엄마랑 같이 소주해서…. 어때?"
"응, 엄마하고 데또하고 싶다는데 당근 좋지."
"언제 먹을래?"
"오늘 저녁에 알바 마치고 한 잔 하자."

그리고 저녁이 되었다. 전화벨이 울렸다. 딸이었다.
"엄마, 꿈에 있었던 건지 실제인지 모르겠는데 혹시 엄마랑 오늘 막창 먹기로 약속했어? 잠결이라 긴가민가해."
"응, 약속 한 것 맞아. 지난주에 화요일 마다 같이 한 잔 하며 시간 보내자고 했던 말이 생각이 나서, 바로 오늘 하자고 했지."

"개좋음. 어디로 가지?"

목소리 톤이 업 되면서 들떠 있는 느낌이 전해온다.

장소가 정해졌다. 숯불 불판 위에 막창을 올리고, 소주잔을 앞에 놓고 마주 앉았다. 지난 주 아빠 엄마랑 보낸 시간이 나쁘진 않았구나 하는 생각이 들었고, 또 하소연 할 게 많구나 하는 염려도 되었다. 방학기간을 이용해 알바를 하는 딸은 사회생활에 대한 고충들을 털어 놓는다. 세대차이로 인한 다름을 인정하지 못하는 것에 마찰이 많다. '언제 저리 컸을까', 기특하기도 하고, 애지중지 귀하게 키웠건만 허드렛일까지 하는구나 라는 생각에 맘이 썩 좋지는 않다. 딸은 교과서 밖으로 뛰쳐나와 사회를 조금씩 맛보고 있다. 사리판단이 제대로 서지 않는 일들 앞에 머릿속이 어지럽고 힘들어 하기도 하면서 답을 찾고 있다. 엄마의 마음은, 딸이 정해진 정답을 찾는 것이 아니라 문제를 인식하고, 의문을 품고 차분히 현명하고 지혜롭게 풀어나가길 바라고 있다. 나도 잘 안 되면서 말이다.

답을 찾으려 한 건 언제부터였을까? 문자를 알면서부터일까, 문제를 인식하고 해결해야겠다는 생각이 들 때 쯤 부터일까. 아니면 성적을 내기 위한 시험을 접하면서 부터였을까. 우리는 매 순간에 답을 찾기 위해 혈안이 되어 있다. 답이 정해진 것도 있지만, 다양한 방법으로 해결할 수 있는데도 하나의 진리만이 존재하는 듯 정답을 찾으려 한다. 그러다 보니 목적도 방향도 한 곳으로 향한다. 겪고 있는 일에 의문을 던지기보다 해 오던 대로, 또는 다수의 의견에 치우친다. 그것을 정답이라 믿으며 나에게 맞는지 필요한지조차도 알려고 하지 않는다.

과연, 삶에 정답이 있을까? 정답은 옳은 답을 말한다. 하지만, 모두에게 꼭 맞는 옳은 답이란 존재하지 않는다. 누구에게나 어울릴 것 같은 예쁜 옷이라도 나에게 어울린다는 보장이 없다. 요즘 유행에 맞게 입는다고 해서 나에게 맞지 않다. 남의 옷을 입은 듯 우스꽝스러운 모습보다는 나에게 맞는 색깔과 스타일로 나답게 돋보이게 하는 옷이 나의 옷이며 가장 잘 어울리는 옷이다. 정답보다는 해답이 필요한 것처럼 말이다.

해답을 알기 위해서는 상황을 바라보는 힘이 있어야 한다. 다양한 각도로 상황을 볼 수 있다면 더 창의적인 문제해결 방법을 알아낼 가능성이 크다. 다양한 물음에 따라 과정이 달라질 수 있고 다른 결과로 이어지기 때문이다. 일상에 물음표가 있다면 늘 하던 대로 하거나 쉽게 포기하는 일도 줄어들 것이고,

이렇게도 부딪혀보고 저렇게도 부딪혀보면서 맞는 접점을 찾게 된다. 하지만 물음표를 잊은 채 무엇인지 알기도 전에 하라는 대로 하는 경우에는 맹목적으로 받아들이게 되고 생동감도 느낄 수 없다.

난, 불과 얼마 전까지 물음표를 모르고 살았다. 반복되는 일상 속에서 왜 이렇게 하고 있는지 모른 채 관성적으로 움직였다. 새로운 것에 대해서는 관심도 없고 시도해 보려는 의지 또한 없었다. 모든 조건이 맞지 않으면 엄두조차 내지 못했다. 그러니 할 수 있는 것도, 하고 싶은 것도 지레 겁먹고 미리 접는 경우가 많았다. 세상 돌아가는 이치 또한 몰랐다. 알려고 하지 않았으니 당연하다. 그러던 어느 날 물음표가 옅게 그려졌다. 내 삶에 전부라 할만큼 최우선을 차지하고 있었던 아이들이 엄마를 찾는 횟수가 줄면서 나란 존재가 밀려 나간다는 느낌이 공허함과 함께 강하게 쳐들어왔다. 나의 존재와 내 삶에 대한 의미가 무엇인지에 대한 물음이 망치로 머리를 후려치듯 강하게 내려찍는 것 같았다. '너는 누구니, 넌 뭣하고 살았니, 뭐하는 사람이니, 너의 삶은 뭐니' 등 그렇게 시작되었던 물음표는 부딪히는 상황들 앞에서 자주 되풀이되고, 그 전에는 알지 못했던 것들이 보여지고 느껴졌다. 하고 싶은 것도 원하는 것도 많아지고 궁금한 것도 생겨났다. '이건 뭐지, 왜 이렇게만 할까, 이렇게 하면 무엇이 될 수 있을까' 너무도 남남으로 살아온 물음이 더 큰 물음표로 낯설게 다가와 가슴 속에 꽂혔다. 그리고 짙어져가면서 그 답을 찾으려 했다. 찾으려 할수록 아직 성숙되지 못한 내면은 혼란스럽기만 했다. 왜냐하면 나에게 맞는 것을 찾기까지는 터줏대감이 된 고정관념과 익숙함이 방해를 했고, 가까스로 찾은 답은 남들이 맞다 하는 정답 앞에서 힘을 잃어버리기 때문이다.

정답 보다는 무심코 지나쳐 버린 순간들과 매사에 무턱대고 그러려니 하면서 받아들였던 것을 '뭘까? 뭐지?'라는 물음표로 바꾸는 습관과 친해진다면 안성맞춤인 해답을 찾게 되지 않을까. 찾은 해답을 꾸준히 실천해 나가다 보면 내 삶에 느낌표는 분명 많아 질 것이다. 병아리가 알을 깨고 나오는 신비로운 순간처럼, 조금씩 새롭게 알게 되고 고쳐 나가는 노력 속에서 '바로 이거야'라는 깨달음의 느낌들을 발견하고 희열을 느끼게 될 것이다. 내 생각에 대한 확신은 성취감을 통해 한 층 더 발돋움하는 계기가 될 것이다.

딸에게 한 때는 시행착오를 겪지 않았으면 하는 마음으로 정답지와 같은 '나 때는 말이야, 그건 있잖아~, 이렇게 해야지'라는 말을 많이 했다면 이제는 '넌 어떻게 생각해? 너의 생각은? 그럼, 그렇게 해 봐!'로 대화를 바꾸어가고 있다. 술 잔을 부딪히며 던지는 물음표가 삶의 지혜를 찾아가는 이정표가 되길 바래본다. 딸의 소주잔에 술을 채우며

"딸, 우리 다음 주에도 막창에 소주 한 잔 어때?"

지속하고 싶다면
자연스러워야 한다

『매일하라.

자나 깨나 로또를 바란다면 이루어지지 않을 것이다.

내가 나에게 줄 수 있는 선물이 아니기 때문이다.

자나 깨나 신에게 기도 한다면 '기도가 이루어지게 행동하라'는 답을 얻게 될 것이다.

신이 우리에게 꿈을 주었으니 우리의 의무는 몸을 움직여 그 일을 매일 하는 것이다.

그러면 우리가 바라는 사람이 되어 있을 것이다.

나는 이 건강한 방정식을 의심하지 않는다 (나는 이렇게 할 것이다)

매일의 힘을 살릴 수 있으면 우리는 나아질 수 있다.

그러나 매일의 힘을 빌려올 수 없으면, 그날을 쓰지 못한 만큼 과거에 머물 수밖에 없다.

매일 그리지 않는 화가는 화가가 아니다.

매일 연습하지 않는 연주가는 연주가가 아니다.

매일 쓰지 않는 작가는 작가가 아니다.

연습을 거른 그날, 그들은 화가도 연주가도 작가도 아닌 것이다.(구본형의 필살기)』

고구본형 선생님의 10주기를 기념하며 출간한 김달국 작가의 [내 인생에 힘이 되는 멘토의 한마디] 의 책에는 작가와 작가의 사부인 구본형선생님의 글이 함께 기록되어 있다. 사부의 글귀를 잡고 풀어낸 작가의 책을 보면서 생각하게 하는 대목이 많았다. 그 중 꿈과 성장이라는 키워드 속에서 풀어낸 〈매일 하라〉는 내가 지금 하고 있는 일, 행동, 생활들을 살피게 한다. '매일 하고 있는 것은 무엇일까?' 에서 시작된 질문은 지속이라는 단어로 이어진다.

- 매일 하고 있는 것은 무엇인가?
- 왜 매일 하고 있는가?

- 매일 하지 않으면 어떻게 되는가?
- 매일 하기 위해서는 어떻게 해야 하나?
- 매일 했을 때 좋은점과 힘든 점은 무엇인가?
- 매일 하면 지속적이라 할 수 있나?
- '지속적이다'의 의미는 무엇인가?
- 얼마나 해야 지속적인 것인가?
- 내가 하고 있는 것 중에 지속적인 것은 무엇인가?
- 또 지속하지 못하고 중단한 것은 무엇인가?
- 왜 중단했나? 이유는?
- 지속적으로 하면 무엇이 좋은가?
- 왜 지속해야 하는가?
- 지속하기 위해서 필요한 것은 무엇인가?
- 위 수많은 질문들에 어느 정도로 답을 할 수 있나?
- 답할 수 있다면 지속하는 것은 문제없는 것일까?

지속적이라는 것은 '어떤 상태가 오래 계속 되어지는 것'을 말하며 매일이든 규칙적이든 꾸준히 연결해 나갈 때 가능하다. 꿈을 이루기 위해서, 또 내가 성장해 나가기 위해서도 지속력은 중요하다. 지속하지 못한다면 성장은 고사하고 퇴보하고 만다. 알지만 잘 되지 않는다. 하다 말다를 반복하거나 이내 포기한다. 지속하기 어려운 이유는 무엇일까? 목적이 분명하지 않기 때문이지 않을까? 목적이 분명하지 않다는 것은 자기 동기에 의한 강한 욕구에서 비롯된 것이 아니라, 다른 사람들의 모습을 보면서 '나도 저렇게 하면 좋겠다'는 타성에서 비롯되었다는 것을 의미한다. 목적이 분명하지 않으니 나에게 맞는 실제적인 목표를 세우지 못한다. 설령, 세운다하더라도 '이건 이래서 안 되고 저건 저래서 안 될 거야' 라며 핑계만 찾다가 지레 포기하고야 만다.

난 지속이라는 단어와는 거리가 멀게 살아왔다. 매일 무엇을 하겠다는 의지도 계획도 생각도 없었던 듯하다. 도전을 좋아하지 않았고 열에 하나라도 안 될 것 같은 생각이 들면 안해야 하는 핑계를 먼저 떠올렸다. 억지가 싫었고 모든 조건이 충족 되어야 가능할 것이라는 생각이 강했다. 그래서 한 것 보다는 하지 않은 것이 많았고 자연적으로 지속한 일은 더 없었다. 그러다 보니 늘 경험이 부족하고 포기가 빠른 사람, 겁이 많은 사람이 되어 있었다. 이대로 간다면 나의 미래는 없을 것 같았다. '난, 무엇을 할 수 있을까?' 아무 것도 스스로는 할 수 없고 의존하고자 하는 마음만 풍선처럼 키우는 사람이 되고 있었다. 하루하루 나의 세상은 좁아져 우물 안 개구리가 되고 있었다. 그런 삶을 원한 건 아니었는데 말이다. '그래! 아무것도 하지 않으면 아무 일도 일어나지 않으며, 시도가 없으면 지속할 게 없다. 자신은 없지만 작심삼일을 거듭거듭 하다 보면 계속할 수 있는 힘이 조금씩 생기지 않을까? 할 수 있다는 용기를 갖고 도전하자. 포기란 말은 버려두자. 정말 할 수 없는 상황이 오기 전까지는 최선이라는 단어와 친해져보자. 해 보자. 하지 않아 후회하는 상황은 만들지 말자…' 라는 생각들이 뇌를 깨우며 의도적으로라도 시도를 했다. 한 번이 두 번이 되고 두 번이 세 번이 되면서 조금씩 과정을 즐기게 되고 결과물까지 만들어 냈다. 의도적이고 부자연스러웠던 일들이 조금씩 자연스러워지면서 성장하는 나를 느끼게 했다.

최근에는 맨발걷기 100일 도전이라는 목표를 세웠다. 시작 후 얼마 지나지 않아 장마와 잦은 태풍으로 폭우까지 쏟아지는 날이 많았다. 그럴 때마다 '갈까 말까, 하루건너 뛴다고 어찌 될까'하는 생각으로 타협하고 싶은 날이 많았다. 하지만 생각을 멈추고 준비를 서둘러 현관문을 빠져 나온다. 차에 타고 공원까지 오기만 하면 반은 성공인 셈이다. 공원에 첫 발을 내딛는 순간부터 나의 몸에 집중하고 숲과 하나가 된다. 코로 들이마시는 숨에 머릿속이 맑아지고 주변을 관찰하고 나의 삶에 대비

시키며 사색에 들어간다. 내면을 살피며 삶의 방향을 점검하고 다시 다진다. 타협하고 싶은 마음을 이기고 공원으로 나온 내가 대견하고 사랑스럽다. 하루하루 지날수록 맨발 맛에 중독이 되었다. 조금만 무리하면 충혈 되던 눈이 맑아지고 잡생각들이 줄어들었으며 잠의 질이 달라졌다. 개운하게 아침을 맞이하는 날이 많아지면서 더 좋은 새로운 장소를 물색하게 되었다. 어느 날부터는 흙을 보면 차를 세우고 바지를 둥둥 걷어붙이고 맨발이 되어 있다. 가슴을 활짝 펴고 팔자걸음을 일자 걸음으로 바꾸려 자세에 신경 쓰게 된다. 그렇게 노력한 자세는 몸을 바르게 세워주고 마음까지 청소하듯 찌꺼기를 비워내 준다. 조용히 자연 속에서 걸으며 머릿속 생각들을 펼쳐보는 사색의 시간들이 많아지면서 좋은 기운들이 온 몸으로 퍼진다. 하루하루 자연스레 빠져 즐기고 있는 나를 발견하게 되었다.

지속은 낯선 것을 익숙하게 만들어 자연스럽게 몸에 베여 새로운 변화를 만드는 과정이다. 낯선 것에는 새로운 조건이 많고 거부감이 생기기 마련이다.
매일 맨발걷기 100일이라는 나와의 약속을 지키는 것이 쉽지 않았지만 타협하고자 하는 마음을 행동으로 박차고 나간 노력이 낯설음을 익숙함으로 만들 수 있었다. 또 약속을 지키면서 덤으로 얻게 되는 지혜들, 그 생각들 속에서 시야를 넓히게 되고 우물 안에서 세상 밖으로 조금씩 나오게 하는 계기를 만들어주었고 용기를 주었다. 세상 밖으로 나오려는 용기는 실패와 시련으로 상처받은 마음을 회복시켜 원하는 모습을 만들고 싶은 욕망이었을 것이다. 그 욕망을 이루게 하는 힘은 하루아침에 이뤄지지 않는다. 하나하나 조심히 돌을 올려 탑을 쌓듯이 하루하루 꾸준한 정성을 들여야 한다. 그 정성은 자신을 보살피고 더 나아지려는 간절함과 스스로를 사랑하고 아끼는 마음에서 생겨나지 않을까. 지성이면 하늘도 감동한다지 않는가. 지속하면 보다 자연스러운 모습으로 더 나은 세상을 향해 나아가는 내가 될 것이다.

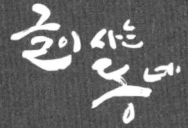

돌도 수석이 될 수 있다.

시작을 할 때는 모든 것이 두렵고 힘들다.
'시작이 반이다.'라는 말이 있듯이
막상 시작하고 나면 헤쳐 나간다.
그리고 모든 일은 마음먹기 나름이다.
어떤 마음으로 바라보느냐에 따라
돌도 수석이 될 수 있다.

(본문 중에서)

고동주

상승
.
.
.
하강

쉰이란 늦은 나이에 새 인생이 시작되었다. 동주.... 나를 알고 있는 모든 사람에게 낯설다. 낯설다는 새로움을 가지고 한 발 한 발 나아간다. 그리고 나를 응원해 주며 이끌어 주는 사람들이 있다. 행복은 멀리 있지 않다. 내 옆에 있다.

글 : 고동주, 그림 : 고다은

고동주

나에게 글이란
계단과 엘리베이터

나에게 글이란?

나에게 '글'이란 가깝고도 먼 친구다.

글은 내가 어디를 가든 누구를 만나든 아니면 혼자 있는 경우에도 가까이에서 항상 맴돌며 친구로 지내고 싶어 한다.

그러나 막상 글이 나에게 다가와서 친하게 지내려고 하면 내가 글을 밀어낸다. 정확하게는 잘 모르겠지만 나의 내면 어딘가 글자에 대한 거부감이 있는 것 같다.

곰곰이 생각해 보면 다른 사람이 작성한 글을 읽고 재해석하여 나의 것으로 만드는 과정 즉, 눈으로 읽은 것을 이미지로 만드는 과정이 너무 힘들기 때문에 시작하기 어려운 것이 아닌가 싶다.

다른 사람의 말을 듣고 머리 속에서 그림을 그리는 것은 곧 잘 하는 것 같은데, 글을 읽게 되면 30초도 지나지 않아 줄지어 있던 글자들이 날아다니면서 집중하지 못한다. 당연히 좀 전에 읽었던 내용도 기억이 나지 않고 멍해지면서 내용을 잊어버리는 경우가 많다. 그래서 글을 읽는 것 자체가 재미가 없다. 책을 읽는 것에 대해 흥미도 많이 떨어진다. 책을 옆에 두기만 할 뿐 펼쳐서 읽는 경우가 거의 없다. 그래서 나에게 글은 항상 바로 옆에 있지만 내 안으로 들어와 자리를 잡지 못하는 가깝지만 늘 멀리 있는 친구다.

'글'을 생각하다 보니 어릴 적 엄마와의 추억 하나가 떠올랐다. 초등학교 입학 전에 집 대청마루에서 엄마랑 한 장짜리 일일 학습이라는 학습지를 하던 기억이 났다. 처음에는 엄마랑 같이한다는 것이 즐거웠다. 하지만 얼마 되지 않아 혼자서 문제를 풀게 되었고 그때부터는 글자가 재미가 없었다. 혼자서 한다는 것이 무미건조하고 싫었다. 초등학교에 들어가서도 글자를 가까이 해 본 적이 없는 것 같다. 책 보다는 딴 생각을 많

이 했고 수업 시간에 선생님 수업만 들었지 궁금한 내용을 찾으러 도서관에 간 적도 없었다. 그런 생활은 중학교에 가서도 마찬가지였다. 나는 인문계 고등학교에 갈 생각이 없었다. 왜냐하면 글자를 좋아하지 않았기 때문이다. 책상에 앉아서 계속 글을 읽는다는 것이 나에게는 너무 힘들었다. 그래서 몸을 써서 하는 일이 나에게 더 맞다고 생각해서 실업계 고등학교로 진학하고 싶다고 담임 선생님께 말씀드렸다. 얼마 되지 않아 아버지와 담임 선생님은 저녁에 만남을 가지셨고, 그 후 나의 인생은 완전히 바뀌었다. 인문계 고등학교로 진학하는 것으로 결정이 났다. 고입 시험을 위해 중학교 3학년 2학기 3개월 정도의 짧은 기간에 수많은 문제집을 풀었고, 그 덕분에 인문계 고등학교에 갈 수 있었다. 그러나 고등학교에서도 책을 읽는 것 보다는 친구들과 당구장에 가는 것이 더 좋았고, 이야기하면서 노는 것이 좋았다. 고등학교 1학년을 마치고 나니 성적은 상위권에서 바닥으로 뚝 떨어졌다. 대학교를 가야겠다는 생각이 든 것은 1년이라는 시간이 훌쩍 지난 뒤였다. 발등에 불이 떨어진 것을 느끼고 독서실에 가서 공부를 시작했다. 수학 문제를 풀고 영어 단어를 외우고 시험을 잘 치기 위해 글을 이해하기 보다는 점수를 잘 받는 방법을 연습했다. 한 번도 글을 보고 생각을 했던 적이 없었던 것 같다. 국어 수업 시간에 일제강

점기에 나온 시에 대한 선생님의 시대적인 배경이나 비유적인 표현 설명도 거의 느낄 수가 없었다.

그 이후로도 글에 대한 관심은 없었고 대학교에 가서도 전공 서적 외에는 본 적이 없다.

나의 삶에서 글이란 말 그대로 생존을 위한 수단이었다.

그래서 글은 지금 나의 삶에서 생존에 대한 부분은 해결해 주었으나, 황무지를 걷고 있는 내면세계는 해결해 주지 못했다. 항상 좋은 글들이 옆에 있지만 내가 글을 느끼지 못하는 것은 어릴 적 혼자 있는 것이 싫어서 배척하고 멀리했던 습관이 만든 결과물이었다.

얼마 전 개명을 하기 위해 찾아간 철학관에서 작명가 선생님께서 사주를 보면서 '당신은 생각이 많은 편인데 생각을 하면 할수록 끝이 항상 안 좋은 쪽으로 향한다. 우울증에 걸릴 수 있다.'라고 하면서 두 가지를 권해주었다.

하나는 명상이고 다른 하나가 책이었다. 책 제목은 '당신이 플라시보다.' 였다. 가까이하면 나에게 좋은 에너지를 주고 즐겁게 지낼 수 있는 친구가 될 것 같았다. 그러나 막상 책장을 넘기고 얼마 되지 않아 내면에서 힘들다는 피드백과 함께 눈이 아프고 집중이 되지 않았다. 무엇을 읽고 있는지 모르다 보니 재미를 느끼지 못하고 옆에만 두고 지내게 되었다.

  실제로 나는 지금까지 보험 계약을 할 때 약관도 전체를 읽은 적이 없다. 나의 전 재산인 집을 계약할 때도 부동산이나 법무사 사무실에서 해 주는 것만 믿고 계약서를 끝까지 꼼꼼히 읽은 적이 없었다.

  물건을 사면 따라오는 간단한 한 장짜리 설명서도 읽기 싫어서 버린 적도 많았다. 당연히 서랍장이나 옷걸이 같은 것을 조립할 때면 메뉴얼에 나와 있는 순서와 맞지 않아 몇 번이나 다시 하기를 반복한 적도 많았다. 음식 조리용 키트 같은 경우는 음식을 만드는 순서가 개발한 사람이 전달하고자 하는 것과 달라 본연의 맛을 내지 못하게 된 적이 많았다. 이렇듯 지금까지 나를 잘 인도해 줄 수 있는 글과 가까이 있지만 너무 먼 친구로 지내다 보니 불편함을 감수해야만 했다.

  작가가 되고 싶다는 호기로운 마음에 막상 글을 쓰려고 하니 나의 밑천이 너무 얕다는 것을 깨달았다. 글을 배척해 온 나에게 부메랑이 되어 돌아온 벌인 것 같았다. 그래서 글을 잘 쓰기 위해서는 먼저 글과 아주 친한 친구가 되어야겠다고 다짐했다. 글을 잘 쓰기 위해서는 나의 스펙트럼을 넓혀야 하는데 내 경험만으로는 한계가 있다는 것을 깨달았다. 다른 사람의 경험과 노력의 산물인 글을 읽고 그것을 내 것으로 만들 수 있을 때 비로소 나도 다른 사람들에게 영향을 줄 수 있는 글을 쓸 수 있다고 생각한다.

빛의 스펙트럼을 분석해 보면 빨주노초파남보 무지개로 눈에 보이는 가시광선 부분과 눈에 보이지는 않지만 빛의 훨씬 넓은 부분을 차지하는 전파, 마이크로파, 적외선, 자외선, X-선, 감마선 등 많은 파장이 존재한다. 눈에 보이는 가시광선의 색으로도 우리의 삶을 충분히 아름답고 풍요롭게 할 수 있다. 그러나 눈에 보이지 않는 더 큰 가치에서 보면 가시광선을 제외한 보이지 않는 빛의 다른 부분들이 삶의 편리성이나 건강에 훨씬 더 많은 도움을 준다는 것을 알 수 있다.

다른 사람이 쓴 글을 읽을 때 눈에 보이는 글자 뒤에 있는 다양한 지식과 정보 그리고 감정들을 느낄 수 있어야 나도 글을 썼을 때 다른 사람들에게 똑같이 전달할 수 있다. '글을 가까이 하여야 자신을 발전시킬 수 있다.'고 하면서 독서를 권장했던 이유를 이제는 조금 알 것 같다. 책을 옆에 두지만 말고 열어서 그 안을 읽고 그 뒤에 숨어 있는 작은 보석들을 하나씩 캐낼 수 있는 내가 되어야 한다.

글을 읽으면서 하루하루 내공을 쌓아 그동안 캐내었던 보석들을 내가 쓰는 글에 다시 넣어서 사람들에게 보석을 캐는 즐거움을 되돌려 주어야 한다.

다른 사람들의 글과 깊은 대화를 통해 내 스펙트럼을 지속적으로 넓히다 보면 내가 꿈꾸는 '글을 쓰는 작가가 되어 내 이름 석자 고동주를 남기고 싶다.'라는 삶의 목표가 실현될 수 있을 것 같다.

그로 인해 나에게 글은 가까이 있지만 너무 먼 친구가 아니라 내가 선택한 변화를 실현시켜 줄 기회가 되는 보물이 될 것이며 사람들에게 나를 알릴 수 있는 새로운 문이 될 것이다.

'이전과 다른 내가 되고 싶다.'는 마음 뿐만 아니라 '다른 사람들이 나의 변화를 느낄 수 있도록 나에게 물리적인 변화를 주고 싶다.'는 스스로의 바램을 이루어 줄 수 있는 열매로서 이제는 글을 대하려고 한다.

계단과 엘리베이터

　내가 살고 있는 아파트는 1998년에 입주가 시작된 후 올 해로 27세가 된 아파트다. 나는 그 중 동쪽 동의 가장 높은 층인 18층에서 살고 있다.

아침에 일어나 앞 베란다 창밖으로 보이는 소금강산의 아름다운 경치를 구경하는 것은 높은 곳에 살고 있는 나의 호사(기쁨)이다. 내가 살고 있는 아파트에서 가장 큰 문제점 중 하나는 속도가 너무나도 느린 엘리베이터다. 최근에 준공된 아파트에 비하면 속도가 절반도 안 되는 것 같고 문이 열리고 닫히는 시간도 사람들이 오만가지 생각을 하게 할 만큼 느리다. 마음이 너그럽고 기다릴 줄 아는 사람은 괜찮지만 나 같이 성격이 급한 사람들의 속을 태우기에 딱 좋다. 그런데 약 2년 전쯤 엘리베이터를 교체하겠다는 공고가 알림판에 붙었다. 나를 포함한 가족들은 앓던 이가 빠지는 것처럼 너무나도 좋아했다. 그 후 얼마 지나지 않아 예산 문제로 집행 시기가 늦어진다고 했을 때는 너무나 아쉽고 속상했다.

그러다 2023년에 안전 문제로 인해 엘리베이터를 교체한다는 공고가 뜨더니 급물살을 타고 엘리베이터를 교체하기로 결정이 났다. 그런데 공사 기간 공고를 보고 나와 가족들 모두 깜짝 놀랐다. 엘리베이터 교체 공사 기간이 4주나 된다. 즉, 4주 동안 18층 계단을 매일 오르내려야 한다는 것이다. 엘리베이터가 있을 때는 18층에서의 경치 구경이 특권처럼 느껴졌는데 계단으로 걸어서 올라갈 것을 생각하니 막막하기만 했다.

나는 0.1톤의 육중한 몸에 무릎이 좋지 않다. 예전에 친한 후배가 15층 계단을 연속으로 세 번 오르면 무릎과 허리 근육 강화에 도움이 된다며 나에게 집에 갈 때 계단으로 올라가는 것을 권유하여 시도 해 본 적이 있었다. 한번 만에 바로 포기해 버렸다. 무릎을 튼튼하게 하기 위해 운동을 해야겠다고 마음을 굳건히 먹었지만, 몸 힘든 것이 싫어서 바로 포기하고 아프면 쉬어야 된다고 스스로를 위로했던 나였다.

공사 기간이 다가오면서 나를 포함한 우리 가족들의 걱정은 배가 되었다. 공사가 시작되기 1주일 전 물티슈, 세제, 강아지 사료, 강아지 배변 패드 등 무거운 필수품들과 저장 기간이 길고 간단히 먹을 수 있는 라면, 통조림, 즉석 조리 식품 같은 것을 미리 사서 집에 올려다 두었다.

역사적인 2월 26일 엘리베이터 교체 공사가 현실이 되었다.
퇴근 후 집으로 올라가기 위해 첫 계단을 밟고 한 계단 한 계단을 올랐다. 삼분의 일 지점인 6층에서 숨을 크게 한번 내어 쉬고 다시 계단을 올라 12층에 다다르니 너무 힘들었다.
'쉬었다 갈까?'라고 스스로 질문도 해 보았지만 이왕 오른 거 18층까지 쉬지 말고 가자는 생각에 다시 계단을 올랐다. 그런데 14층을 지나 15층에 도착하여 3층만 올라가면 집에 도착한다고 생각하니 힘든 것이 반감되면서 오히려 호흡이 쉬워지고 발걸음은 가벼워졌다. 18층을 다 오르고 나니 힘들다는 생각이 많이 없어졌다.

엘리베이터가 있을 때는 그렇게 힘들어서 올라갈 엄두도 내지 못했는데, 계단 외에 집에 갈 다른 방법이 없다고 생각하니 힘든 것이 반감되며 이거 할만하다는 생각이 들었다.

사람들이 '무언가를 할 때 마음가짐이 중요하다.'고 하는 이유를 알 것 같았다.

계단 오르기를 시작하고 첫 번째 주말이 왔다.

밤에만 오르던 계단을 낮에 올라가니 같은 계단인데도 느낌이 달랐다. 힘든 것은 똑같은데 낮의 계단은 눈에 잘 보이기 때문에 심리적으로 편안한 느낌이다. 그러나 밤의 계단은 어둠이 주는 심리적 압박감과 불안감으로 온 신경을 곤두서게 했다. 같은 계단인데 집에 도착했을 때 주는 피로감은 차이가 많았다.

계단을 오르다가 '우리의 인생은 낮과 밤의 계단 중 어느 쪽에 가까울까?'라는 생각이 머리를 스쳤다. 우리의 인생은 한 치 앞을 알 수 없기에 밤의 계단과 닮았다.

밤에 센서 등이 계단을 밝혀 주듯이 인생을 잘 살아가기 위해 스스로 빛을 낼 수 있는 사람이 되어야겠다는 생각을 했다.

계단 오르기를 한 지 2주 정도가 지났다. 시간이 지나면 익숙해질 줄 알았는데 매일 매일이 힘들다.

'뭉치면 찬다'라는 방송 프로그램에서 안정환 감독이 자전거를 타고 힘들어하면서 오르막길을 오르는 멤버들을 멀리서 보면서 "인생은 오르막이야."라고 했던 혼잣말이 생각났다. 인생은 엘리베이터로 쉽게 갈 수 있는 길이 아니라 끝없는 계단으로 이어진 힘든 오르막길이다. '삶이라는 무게를 견디며 행복의 요건을 채우기 위해 높은 계단을 매일 오르면서 우리를 단련해 가는 과정이 인생이구나.'라는 것을 느꼈다.

4주가 지나고 그동안 계속된 계단 오르기는 내 몸을 강화시켜 주었고 4주 전의 18층과 지금의 18층이 주는 무게감은 완전 달라졌다.

내가 개명을 하려고 작명가를 만나러 갔을 때 들었던 말이 생각난다. 성공한 사람들은 이름이 나빠도 그 이름을 커버하고 남을 만큼의 불굴의 의지가 있다고 하였다.

쉬운 엘리베이터 삶은 무너지기가 쉽다. 편한 만큼 내가 약해진다. 그러나 계단으로 단련된 삶은 지탱할 수 있는 튼튼한 하체가 있기에 쉽게 무너지지 않는다. 거기에 의지력이라는 샘물까지 더하면 우리의 삶은 다이아몬드처럼 밝고 빛나는 보석이 될 수 있다.

어떤 일이든 처음 시작할 때는 두렵고 힘이 든다. '시작이 반이다.'라는 말이 있듯이 막상 시작하고 나면 헤쳐 나가게 된다. 그리고 모든 일은 마음먹기 나름이다. 어떤 마음으로 바라보느냐에 따라 돌도 수석이 될 수 있다.

인생은 밤에 오르는 끝없이 이어진 계단이기에 스스로를 밝히는 마음의 등불이 꺼지지 않도록 끊임없는 자기 계발을 통해 기름을 보충해 주어야 한다.

삶을 지탱할 수 있는 아주 튼튼한 하체와 마르지 않는 샘물과 같은 의지력이 있을 때 보석과 같은 삶을 이룰 수 있기 때문이다.

한 달 동안의 엘리베이터 교체기간 동안 나는 나의 삶을 리모델링 하는 계기를 만들 수 이었다. 계단을 오르며 깨달은 세 가지 삶의 교훈을 글쓰기라는 도구를 통해 내 마음에 새기고 내 삶을 새롭게 리모델링 할 것이다.

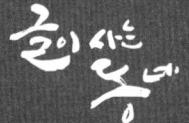

첫 잔의 찌릿함

술과 밀당하다
친해지고 나서 알았다.
첫 잔이 제일 찌릿하다는 것을.
우리의 목표 실행도 마찬가지다.
목표를 실행하기 위해 자신과 싸우기도 하지만
매일 부딪히며 친해지고 나면
기분 좋은 찌릿함을 느낄 수 있다.
(본문 중에서)

박성철

기적이란 상식으로 이해하기 어려운 놀라운 일이다. 이를 이루기 위해서는 엄청난 노력과 열정이 필요하다. 나는 글쓰기나 독서와 관련된 경험이 거의 없다. 그래서 내가 글을 쓴다는 것은, 책을 낸다는 것은 기적을 만드는 것이다. 스스로 글을 쓰거나 독서를 해본 적이 없지만, 이제는 그것을 통해 기적을 만들어내고자 한다.

박성철

내가 글을 쓰는 이유?
쿠션
목표는 소주처럼
오빠
마음가짐(태도)

내가 글을 쓰는 이유?

내가 글을 쓰는 이유는 두 가지다.
첫 번째는 기적을 만들기 위함이고
두 번째는 예의를 갖추기 위함이다.

기적은 상식으로 생각할 수 없는 기이한 일이다.
하기 힘들고 어려운 일이다.
내가 글을 쓴다는 것은, 책을 낸다는 것은 기적을 만드는 것이다.
나는 지금껏 스스로 글을 써본 적이 없다.
일기도 편지도 스스로 써본 적이 없다.
하물며 카톡도 짧은 대답은 해도 내용이 조금만 길어지면 통화를 하고 만다.

그래서 글쓰기는 나와 전혀 다른 세상의 사람들이 하는 것이라 여기며 살아왔다.

누구는 독서가 즐겁고, 누구는 독서가 취미라고 한다.
나는 독서를 전혀 하지 않았다.
독서와는 전혀 상관없이 살아왔다.
스스로 글을 써본 적이 없고, 독서한 적이 없기에 내가 글을 쓴다는 것은 상식적으로 생각하기 힘든 기이한 일, 즉 기적이다.
난 이런 기적을 만들려 한다.
그리고 기적을 만들어 기적이 일상이 되는 그런 삶을 만들 것이다.

두 번째는 예의를 갖추기 위함이다.
예의를 갖추기 위해서는 거기에 맞는 역량을 가져야 한다.
글을 쓰면서 글쓰기 역량을 가지는 것이 글쓰기에 대한 예의라고 생각한다.
그래서 글을 쓴다는 것은 예의를 갖추기 위함이다.

나는 지금까지 나의 행동에 예의를 갖추지 못했다.
아니 행동이 어떠했는지 생각을 하지 않았다.
그래서 내 삶은 늘 그 자리였다.
이제는 글을 쓰듯이 행동에 역량을 키워야겠다.
그것이 나에 대한 예의라고 생각한다.

난 인쇄소를 하고 있다.
인쇄소 주인으로 마땅히 해야 할 일을 하지 않았다.
그 자리에 있기만 했다.
인쇄소가 잘 되기 위한 행동을 하지 않았다.
글을 쓰듯이 인쇄소에 대한 나의 역량을 키워야겠다.
홍보도 하고, 디자인과 편집에도 끊임없이 노력해야겠다.
그것이 인쇄소에 대한 예의라고 생각한다.

글을 쓰면서 나에게 예의를 갖춘다.
글을 쓰듯이 내 삶에 예의를 갖춘다.
글쓰기가 일상이 된다.
이젠 기적이 일상이 될 것이다. ✎

쿠션

나에게는 두 개의 쿠션이 있다.
불룩하게 나온 배와 나의 미소이다.
배는 푹신해서 편안한 쿠션 역할을 한다.
나의 미소도 푸근하고 편안한 쿠션 역할을 한다.

살이 찌면서 배가 나오기 시작했다.
한번 나온 배는 잘 줄어들지 않는다.
배 나온 아저씨는 넉넉하고 편안하게 보인다.
그래서 주위의 사람들이 좀 편하게 다가오는 것 같다.

오늘도 저녁을 먹고 TV를 본다.

역시 누워서 봐야 편하다.
살찌는 이유는 다 있다.
잠시 후 아내도 TV를 본다.
'어라, 내 배를 베개 삼아 누워서 보네.'
딸도 반대 쪽에 눕는다. 아내처럼.
내 배가 푹신하고 편한 모양이다.
아내는 곧 잠이 들었다.
아이는 편하게 핸드폰을 보고 있다.
나의 쿠션이 나만의 것이 아니구나....!

쿠션을 바꿔야겠다.
아내와 아이가 배고 있는 쿠션은 좀 높아 보인다.
좀 더 낮추어 편하게 해줘야겠다.
오늘부터 쿠션 교체 작업을 한다.

오랜만에 운동화 끈을 매어본다.
한동안 하지 않았던 운동을 시작한다.
운동은 역시 걷기가 제일이다.
전에도 저녁에 걷기 운동을 했었다.
배가 들어가고 몸이 가벼워졌었다.

힘들게 땀 흘리는 운동도 좋겠지만 나에게는 꾸준하게 할 수 있는 걷기 운동이 제일 좋았다.
꾸준하게 지속한다는 것이 쉽지만은 않다.
피곤하다고, 비 온다고, 바람이 분다고, 춥다고, 덥다고…
쉬고 싶은 핑계는 한없이 많다. 하지만 핑계는 좀 더 편안한 쿠션을 제공하고 싶은 나의 의지와 실행력을 이기지 못한다. 그래서 오늘도 걷고 있다. 아내와 같이. 걸으면서 많은 이야기를 나눈다.

쿠션 교체 작업을 아내도 같이하고 있다. 운동을 하니 집에서 퍼지지 않아서 좋고, 농담도 하고, 이런저런 세상사 이야기도 한다. 건강에도 좋고, 아내와 좀 더 가까워지고 이해하게 된다.
쿠션은 점점 보기 좋고 안정감을 찾아간다. 그 안에는 아내와 나의 많은 이야기도 있다. 오늘도 샤워하고 거울을 본다. 역시 멋진 몸매, 아름다운 쿠션.
어떡하지, 아내와 아이의 저녁 쿠션이 사라졌다.

누군가의 발표를 보면서 내가 웃고 있다. 그 사람이 웃으면서 발표해서이다. 사람의 표정이 상대를 웃게도 하고 심각하게도 한다는 생각이 든다. 촬영 수업을 했었다. 여러 사람 앞에서 발표하는 내 모습을 처음 본다. 깜짝 놀랐다. 어느 정도는 예상했지만, 너무 심한 거 같다. 발표하면서 오만상을 하며 힘들어하는 내 모습. 나도 실망했지만, 보는 사람도 편하지 않았을 거란 생각이 든다. 나의 표정이 다른 사람의 기분을 좋게도 하고 그렇지 않게도 한다는 생각이 든다. 내가 발표하면서 힘들어하고 편하지 못한 것은 처음이라 그럴 수도 있겠지만 준비가 되지 않아서이다. 평소에 나의 미소는 푸근하고 편안한 쿠션 역할을 했지만, 발표할 때 만큼은 그렇지 못했다 아니, 아예 미소를 짓지 못했다.

쿠션을 바꿔야겠다. 푸근하고 편안한 쿠션으로.
먼저 거울을 보며 웃어보자.
어색하다. 하지만 점점 나아지고 익숙해질 것이다. 누구나 처음부터 잘할 순 없다. 꾸준하게 지속해서 실천해 보는 것이다.
'쉽지만은 않을 것이다.'란 것을 염두에 두면서.

그리고 발성 연습도 해 본다.
"아(도)~~

음~~

아(도)~~

아(미)~~
아(솔)~~~~"

발음 연습도 해 본다.
"아 에 이 오 우
하 헤 히 호 후"
문장으로도 해 본다. 특히 내가 잘되지 않는 중모음 중심으로 집중적으로 해 본다.
"첫 번째는 기적을 만들기 위함이고,
두 번째는 예의를 갖추기 위함이다.
위함이고 위함이다.
예의 예의 예의
예의를 갖추기 위함이다."
얼마 후 아내에게 잘 들어 보라고 했다. 발음이 이상하면 이야기하라며 두 줄을 읽어보았다.
"첫 번째는 기적을 만들기 위함이고
두 번째는 예의를 갖추기 위함이다."라며 어떠냐고 물어보았다. 아내는 "위함이고, 예의와 위함"이 이상하다며 웃는다. 잘되지 않는 부분을 아내에게 시범 보여 달라고 하고 나도 몇 번 따라 연습해 보고는 다시 물어보았다. 그제서야 아내는 웃으면서 잘 한다고 한다. 정말 발음이 잘 되었는지 헷갈리긴 했지만 이렇게 한번 웃으며 하루를 보낸다. 다음 발표 때는 당당하고 여유 있는 미소를 지으며 발표할 것이다.

오늘도 거울을 본다. 미소가 조금씩 쿠션이 되어간다. 더 나아가 일에도 적용해 본다. '어서 오세요' 아무 느낌 없이 인사를 했었다. 이젠 '어서 오세요' 웃으며 반갑게 인사하자. 그리고 시간 관리도 좀 더 철저하게 하자. 우선순위에서 일은 뒷자리였다. 그래서 많지 않은 일에도 늘 바빴고 납품도 빠듯하게 했었다. 하는 일 없이 엉뚱한 시간을 많이 보냈다. 일을 우선순위의 앞자리에 두고 시간 관리를 잘해서 여유 있게 준비해야겠다. 그래야 미소 지으며 잘 설명하고 안내할 수 있을 것이다. 쿠션처럼 푸근하고 편안하게 느끼게 될 것이다.

오늘도 쿠션 교체 작업을 한다. 쿠션 교체를 하면서 건강해지고 가족과 가까워진다. 쿠션 교체를 하면서 내 삶 또한 깊어져 간다. 사는 동안 나의 쿠션 교체는 계속될 것이다.

목표는 소주처럼.

이른 시간에 술을 마신다.
매운탕을 안주 삼아 한잔한다.
캬~~
역시 소주는 첫 잔이 제일 찌릿하다.
그리고 두 잔 석 잔 술~ 술~ 잘도 넘어간다.
술을 마시고 나왔는데 아직도 날이 훤하다.
아쉬워서 한 잔 더에 '콜~~'을 외친다.
2차는 고깃집으로 간다.
매운탕 안주가 좀 부실했나 보다.
역시 고기와 마시는 술은 언제나 맛있다.
고기가 좋은지 술이 좋은지, 끝내준다.

난 둘 다 좋은 모양이다.
술을 마시다 보니 시간이 금방 지나갔다.
좋아서 하는 것은 즐겁고 시간 가는 줄 모른다.

새해가 되면서 여러 가지 목표를 세운다.
올해의 목표에는 글쓰기와 독서가 있다.
전에는 하지 않았던 새로운 목표이다.
글쓰기와 독서는 나에게 전혀 어울리지 않는 것들이다.
나는 지금껏 스스로 글을 써본 적이 없다.
일기도 편지도 스스로 써본 적이 없다.
그래서 글쓰기는 나와 전혀 다른 세상의 사람들이 하는 것이라 여기며 살아왔다.
그리고 독서도 전혀 하지 않았다.
독서와도 상관없이 살아왔다.
스스로 글을 써본 적이 없고, 독서한 적이 없기에 내가 글을 쓰고 독서한다는 것은 어울리지 않는 것들이었다.
하지만 내 마음 한구석에는 글을 쓰는 사람과 책 읽는 사람들이 부러웠나 보다.
결국 하지 말아야 할 것을 하고 말았다.
말글반에 떡하니 앉아 글쓰기를 하고 있다.

이상하고 어색함이 이루 말할 수 없었다.
나 자신이 웃기면서 고마웠다.
그렇게 하루 이틀 글쓰기를 하면서 드디어 한 편의 글이 완성되었다.
정말 대단한 기쁨이었다.
내가 이런 선물을 받는 것에 스스로 감사했다.
다음에 글을 쓰면 뚝딱 한 편이 나올 것만 같았다.
하지만 또 두 번째 글을 쓰면서 오만 고생을 했다.

독서도 마찬가지다.
독서 토론회에 떡하니 앉아, 참석하고 있다.
그나마 독서는 글쓰기에 비해 좀 수월했다.
처음에는 책이 잘 읽히지 않고 잠이 쏟아졌다.
하지만 차츰 나아지고 길게 읽어졌다.
놀라울 정도로 시간이 금방 지나갔다.
글쓰기도 힘들게 머리를 쥐어짜지만, 시간이 금방 흘러간다.
힘들기도 하지만 뿌듯함과 즐거움이 느껴진다.
참으로 이상한 일이다.
내가 글쓰기와 독서를 좋아하고 있었나 보다.

처음에는 자신 없고 불안하고 불확실하던 글쓰기와 독서는 이젠 할 수 있겠다는 확신이 생긴다.

머리를 쥐어짜는 오만 고생과 쏟아지는 잠도 하루 이틀 시간이 지나면서 조금씩 나아지고 극복이 되어갔다.

나에게 어울리지 않을 것 같은 새로운 것을 시작해서 어려움은 더욱 컸지만 하나의 글이 완성되고 한 권의 책을 읽어냈을 때는 그 이상의 뿌듯함과 즐거움을 느꼈다.

그렇게 새로운 일상을 즐거운 일상으로 만들어가면서 어렵고 멀게만 느껴졌던 목표들을 조금씩 이루어 가고 있다.

우리는 자신이 원하는 삶을 살기 위해 여러 가지 목표와 계획을 세운다.

하지만 거기까지다.

내가 세운 목표와 계획들을 생각만 하고 실행하지는 않는다.

당장 하지 않아도 되고 내일 해도 되기에 다음으로 미루기 때문이다.

'세상은 내가 움직이는 만큼만 움직인다.'라고 한다.

미래를 바꾸기 위해서는 먼저 내가 움직여야 한다.

얼마나 실행했느냐에 따라 노력의 가치에 대한 생각이 달라지고 행동이 달라진다. 그로 인해 미래에 대한 확신도 달라진다.

  나는 이러한 진리를 글쓰기와 독서를 목표로 실행해 보고 알 수 있었다.

  실행하고 노력할수록 행동은 더욱 적극적으로 바뀌게 되고 자신감은 높아져 목표에 대한 확신이 점점 더 생긴다는 것을.

  목표를 향한 힘든 고통은 노력하고 움직인 만큼 즐거운 성취감으로 다가온다.

  즐거운 성취감이 일상이 되어 목표는 점점 더 가까워진다:

언제나 소주는 첫 잔이 제일 찌릿하다.
마시는 순간 내 몸은 '캬~ 좋다~'라고 말한다.
두 번째 잔, 그리고 그다음 잔도, 기분 좋게 들어간다.
처음부터 첫 잔이 기분 좋게 찌릿한 맛은 아니었다.
처음에는 쓰고 독한 맛이 가득했다.
하지만 술과 밀당하다 친해지고 나서 알았다.
첫 잔이 제일 찌릿하다는 것을.
우리의 목표 실행도 마찬가지다.
목표를 실행하기 위해 자신과 싸우기도 하지만
매일 부딪히며 친해지고 나면
기분 좋은 찌릿함을 느낄 수 있다.

그리고 두 번째 실행 그다음 실행도 기분 좋게 이어진다.

기분 좋게 목표를 조금씩 이루어 나가는 과정이 일상이 되어 간다.

난 매일 첫 잔의 찌릿함을 느끼고 싶다.

그래서 난 지금도 글쓰기와 독서에 '콜~~'을 외친다. ✄

오빠

난 술을 좋아한다.
그래서 술자리는 마다하지 않는다.
며칠 전에도 술을 마셨다.
술자리에서 오빠라는 소리를 처음 들었다.
오빠란 소리는 달달한 초콜릿 같았다.
온종일 달콤하고 행복한 기분이 계속되었다.
오빠란 말이 나에겐 그런 달달한 초콜릿 같은 느낌이었다.

아내를 만나 결혼을 하고 23년이란 시간이 흘렀다.
가끔은 아내에게 오빠라는 소리를 듣고 싶었다.
아내는 나를 부를 때 처음에는 아저씨라 부르더니 나중에는 아이의 이름을 붙여 누구 아빠라 불렀다.

결국 지금까지 오빠란 소리는 듣지 못했다.

하지만 얼마 전 술자리에서 아내로부터 오빠라는 말을 처음 들었다.

연애 때의 설렘과 신혼 때의 달콤한 감정이 함께 느껴지며 계속해서 기분이 좋았다.

23년의 보상을 한 번에 다 받은 느낌이었다.

아내와 난 같은 스피치 학원에 다닌다.

내가 먼저 다녔고 아내는 다닌 지 5개월 정도 된다.

그날은 아내의 실전스피치 마지막 수업이었다.

그래서 뒤풀이로 술자리를 같이했었다.

아내는 술을 마시지 못하지만, 같이 자리하면서 분위기를 잘 맞춰 주었다.

한 잔 두 잔 술이 들어가면서 분위기는 점점 좋아지고 있었다.

술을 기분 좋게 먹었을 때쯤 호칭에 대한 이야기가 나왔다.

아내에게 바라는 호칭이 있냐는 질문이 있었다.

'난 예전부터 오빠란 말을 들어보고 싶었다'고 말했다.

쑥스러워하던 아내는 망설이다가 나에게 처음으로 "오빠" 하며 불러 주었다.

'하하하' 직접 들어보니 상상 그 이상이었다.

몇 번을 더 불러 주었는데 그때마다 기분이 엄청 좋았다.

그리고 그날은 달콤하고 행복한 좋은 기분이 계속되었다.

집에 와서 한 번 더 "오빠"라 불러 주었다.

난 오빠라는 초콜릿 맛 덕분에 아주 달콤하고 행복한 잠에 빠져들었다.

잠에서 깨어 전날 일을 생각하니 또 실실 웃음이 났다.

다음 날까지도 좋은 기분은 계속되었다.

그러다 문득 오빠라는 말이 새롭게 다가오면서 나 자신을 되돌아보게 했다.

그동안은 아내가 나에게 의지하기보단 내가 아내에게 많이 의지했었다.

참 책임감 없이 살았다는 생각이 들었다.

동생을 챙겨주고 싶고 이것저것 다 해주고 싶고 큰 버팀목이 되고 싶은 게 오빠이다.

그런데 나는 오빠란 말만 듣고 싶어 했지, 오빠가 되지 못했다.

난 자영업을 하고 아내는 직장에 다닌다.
난 수입이 일정하지 않으며 지출 계획도 잘 세우지 못한다.
그달의 계획이나 지출에 구멍 날 때가 많았다.
그때마다 아내의 도움을 받았었다.
집안일도 마찬가지였다.
그렇게 아내에게 의지하며 책임감 없이 살아왔다.

아내에게는 공황장애라는 마음의 병이 있다.
20년이 넘은 아주 오래된 병이다.
이놈의 병은 오래전에 사라졌어야 할 병이었다.
난 처음엔 대수롭지 않게 여기며 별 신경을 쓰지 않았다.
그로 인해 병이 더욱 악화된 것 같았다.
그때는 공황장애라는 병에 대해서 잘 몰랐다.
순간 감정이 변하는 아내를 이해하지 못했었다.
내 감정이 먼저였고, 아내를 신경 쓰지 못했던 것이 병을 이렇게 키워 버렸다.

난 아내의 병에 적극적이지 못했다.
병원에 같이 가고 옆에 있어 주는 것이 최선이라는 생각을 했었다.

그렇게 더디게 아내의 병을 알아갔다.
그동안 아내는 혼자서 외로운 싸움을 하고 있었다.

같은 학원에 다니면서 아내와 많은 대화를 하기 시작했다.
병에 대해서도 많은 이야기를 나눴다.
이야기하다 보니 병의 원인도 알 수 있었다.
가족의 죽음, 가까운 사람과의 이별이 원인이었다
무서움과 미안함 그리고 불안감….

아내에게는 남동생이 있었다.
지금으로부터 31년 전 아내가 저녁을 먹고 있는데 동국대병원에서 동생이 교통사고로 조금 다쳤다고 병원으로 오라고 했었다.
그때 아내가 22살이었고, 남동생이 19살이었다.
동생은 동국대병원에서 경북대병원으로 이송이 되었다.
그때는 아내가 어려서 그런지 부모님이 동생이 의식에서 깨어난 다음에 와도 된다고 해서 병원에 가보지를 않았었다.
그런데 동생은 영영 깨어나지 못했다.
결국 아내는 동생을 보지 못한 채 하늘나라로 보내고 말았다.
지금도 그것이 마음에 맺혀 있으며 그때를 생각하면 눈물이 난다고 한다.

동생이 떠나고 1년도 채 되지 않아 아버지도 돌아가셨다.

그렇게 동생과 아버지를 가슴에 묻은 채 아내와 장모님은 각자의 위치에서 생활하였고 장모님은 낮에는 농사일 하시고 나름 슬픔을 잊기 위해 힘든 몸을 이끌고 저녁에는 절에 가서 기도하고 새벽에 집에 오곤 했었다.

그때 아내는 혼자라서 그런지 어려서 그런지 귀신이 이 세상에서 제일 무서웠다고 한다.

혼자 잘 때는 꼭 12시쯤에 잠에서 깨곤 했었는데 잠에서 깨면 가슴도 두근거리고 불안감에 잠이 오지 않았다고 한다.

집에 불도 환하게 켜고 문고리도 다시 잠갔지만, 불안감이 사라지지 않아 그 밤에 이웃집 문을 두드려 이웃집에서 잠을 잔 적이 많았다고 한다.

아내는 지금 생각해 보면 엄마를 따라서 절에 가서 잠을 잤으면 불안감도 생기지 않고 공황장애도 생기지 않았을 것 같다고 한다.

원인을 알고 나니 치료할 희망도 자신도 생겼다.

치유를 위해 가장 중요한 것은 본인의 의지와 주위 환경의 변화다.

주위 환경에 가장 많은 부분을 차지하는 것은 바로 나다.

아내가 운동이 힘들다며 쉬고 싶다고 하면 난 '그래 오늘은 쉬고 내일부터 하자'라고 했었다.

그러다 운동하는 횟수가 점점 줄어들다가 언제부턴가 그마저도 하지 않게 되었다.

아내가 퇴근해서 그날 있었던 일을 이야기할 때면 눈을 맞추지도 않은 채 귀로만 듣고 있었다.

참 미안한 생각이 든다.

나도 조금씩 변하고 있다.

이야기 할 때 눈을 마주 보며 듣고, 하지 않던 질문도 해 보았다.

아내의 얼굴에 웃음이 점점 늘어난다.

이전과 달리 자신감도 많이 생긴 것 같다.

직장 일이 바쁘고 힘들다고 하면서도 어려운 일을 잘 해냈다며 자랑도 한다.

자기계발 공부도 '힘들다' 하면서도 나에게 책 좀 빨리 보고 같이 토론하자며 재촉도 한다.

주위의 사람들과 낯가림도 심했는데 많이 좋아진 느낌이다.

공황장애도 극복하리라는 희망이 생긴다.

"모든 스케줄을 내게 맞춰달라"던 아내의 말이 생각난다.

지금까지는 '알았다.' 하면서 틈만 나면 술 약속을 생각했었는데 이젠 다 버리고 아내만 바라보며 함께 하리라 약속한다.
"내가 당신에게 큰 버팀목이 될게."

노래의 가사처럼
"오빠 한번 믿어봐,
평생토록 내가 안아줄게"

마음가짐(태도)

2016년 3월 이세돌 9단과 인공지능 알파고의 바둑 대결이 있었다.
 나와 주위 사람들 그리고 세계가 주목했던 대결이었다.
 대부분 이세돌 9단의 승리를 예상했고 나도 그랬다.
 그런데 웬걸, 이세돌 9단이 지고 말았다.
 충격만큼 인공지능의 대단함에 놀라지 않을 수 없었다.

 퀴즈나 체스에서는 인공지능이 인간을 능가했지만, 바둑만큼은 쉽게 능가하지 못할 것으로 생각했다.
 하지만 결과는 4승1패 인공지능 알파고의 승리로 끝났다.
 다섯 번의 대국을 지켜보면서 오히려 이세돌 9단이 1승 한 것이 대단하다는 생각이 들었다.

그만큼 알파고의 발전이 대단했었다.

이세돌 9단과의 대국 이후에도 알파고는 세계 최정상의 프로기사들을 상대로 전승을 거두었다.

한국 랭킹 1위 박정환 9단, 중국 랭킹 1위 커제 9단, 일본 랭킹 1위 이야마 유타 9단 등 세계 최고수들과 대국을 펼쳐 모두 이겼다.

알파고의 대단함에 바둑을 좋아하고, 공부하는 사람들은 걱정이 많았을 것이다.

특히 바둑기사나 바둑기사가 되고 싶어 공부하고 배우는 사람들은 더욱 걱정되었을 것으로 생각한다.

인공지능이 바둑을 더 잘 두는 시대가 왔기 때문이다.

하지만 7년이 지난 지금도 바둑의 인기는 전과 별반 차이가 없다.

그 이유가 뭘까?

바둑을 좋아하고, 공부하는 사람들은 이야기한다.

'로봇이나 인공지능은 바둑 두는 즐거움을 모른다.'라고.

그렇다 인공지능은 바둑 두는 즐거움을 모른다.

인공지능은 우리의 삶을 향상해 주기 위해 유익한 정보와 기술을 전달하고 확률과 같은 복잡하고 계산하기 힘든 패턴이나 게임의 결괏값을 높이기 위해 계산하고 패턴을 학습하는 기술이다.

그러하기에 목표 달성에 초점을 두고 있기 때문에 즐거움을 느끼거나 자신에 대한 좋은 마음가짐을 갖는 능력은 없다. 하지만 사람들은 인공지능을 활용하여 바둑의 새로운 기술과 경험을 얻으면서 즐거움을 느낄 수 있다.

바둑을 두는 즐거움은 바둑에 대한 마음가짐으로 인한 태도에서 나온다.

태도는 사람만이 가질 수 있다.

태도는 어떤 상황이나 일에 대해 생각하고 느끼는 감정과 방식이다.

긍정적인 태도는 자신감을 높이고 어려운 상황에 대처하는 데 도움을 주며, 이에 따라 더 큰 성공과 만족감을 찾을 수 있다. 이것은 나와 주변 사람들에게 긍정적인 영향을 미치며 주변 환경을 개선하고 나를 더욱 발전시키고 향상시킬 수 있다.

우리는 감정을 느끼고 선택을 할 수 있다.

좋아하거나 흥미를 갖는 것에는 스스로 동기를 부여하고 그것을 향해 더 큰 노력을 기울이고 열심히 하게 된다.

하지만 인공지능은 프로그래밍으로 작동하기에 감정을 느끼지 못하고 스스로 동기를 부여할 수 없다. 그렇기에 자기 의지에 의한 목표를 세우지 못하며, 어떠한 결과를 얻더라도 진정한 성취감인 즐거움을 느끼지 못한다.

이처럼, 인간과 인공지능은 각자의 한계와 특성이 있다. 인간은 감정과 동기부여를 통해 목표를 달성하는 반면에, 인공지능은 프로그래밍이 된 명령에 따라 작동한다. 이러한 차이점은 인간만이 즐거움을 느낄 수 있는 태도를 갖게 한다.

그렇기에 인공지능이 바둑은 이길지 몰라도 진정한 바둑의 즐거움은 모르기에 인간에게서 즐거움을 뺏지 못한다.

그래서 지금도 바둑의 인기는 7년 전과 별 차이가 없다.

난 이 중요한 태도를 생각하지 않고 살아왔다.

2~3년 전만 해도 나의 하루하루는 이러했다.

일 마치면 술을 마셨다.

다음날은 일 마치면 당구 치고 술을 마셨다.

또 그다음 날은 일 마치면 저녁 먹고 드라마 보고 컴퓨터 바둑을 두고 잠들었다.

그렇게 하루하루 시간 때우는 삶을, 앞날을 생각하지 않는 삶을 반복하며 살았다.

그런데 조금씩 생각이 바뀌었다.
살아지는 대로 사는 것이 아니라 내가 생각하고 생각한 대로 살아가고 싶어졌다.
전에는 하고 싶은 게 뭔지 잘 몰랐다.
어렴풋이 부러운 것들은 조금씩 있었다.
지금은 그런 것들을 하나씩 찾아가고 이루어 가고 있다.
그래서 스피치도 배우고 독서도 하고 글도 쓴다.
나는 조금씩 내 생각대로 살아간다.
그로 인해 삶에 대한 나의 마음가짐과 태도가 조금씩 바뀌고 있다.

전에는 여러 사람 앞에 서지 못하는 내가 답답하고 못나 보였다.
그렇게 나는 답답하고 못난 사람으로 생각하며 살았다.
하지만 지금은 그렇지 않다.
스피치를 배우면서 여러 사람 앞에서 강연도 해보고 진행도 맡아 보며 자신감도 키웠다.
처음에는 다른 사람의 시선이 조금 겁이 났지만, 내가 감당하고 즐길 수 있음을 깨달았다.

이제는 "할 수 있다"는 믿음과 자신감이 생겼다.

내 이야기를 하고 싶은 대로 표현할 수 있고, 자신 없었던 것들을 피하지 않고 부딪혀서 해내면서 스스로 성취감과 자부심을 느끼고 있다. 내가 할 수 있고, 하고 싶을 것을 조금씩 찾아가며 내 삶에 좋은 마음가짐과 태도를 만들어 가고 있다.

그로 인해 앞날이 걱정되는 것이 아니라 내 삶이 어떠해질까 기대가 된다.

난 인공지능이 아니기 때문에 더 행복하게 살기 위해 주도적으로 내 삶을 개선하고 긍정적인 태도를 취하고, 계속해서 나 자신을 발전시키는 노력을 기울일 수 있다.

지금도 나는, 나에 대한 마음가짐과 태도를 다시 한번 점검해 본다.

내일의 더 발전된 나를 위해.... ✑

글이 있는 풍경

다섯 번째 계절

아름다움이 절정에 오른 단풍은,
다음에 돋아날 새싹의 거름으로 완성이 되고,
곳간을 채운 곡식은,
씨앗이 뿌려질 빈 들녘으로 완성이 된다.
(본문 중에서)

손민경

나에게 허락된 단 한 번의 오늘을
잃어버리지 않으려고 글을 쓰는 사람.

손민경 🌱

제대로 흘러갈 수 있을까?
왕년에, 정말 잘 나갔을까?
검은콩 한 알
여행은 기다림이다.
다섯 번째 계절

제대로 흘러갈 수 있을까?

2011년 10월 삼강 주막 뜰에는,

 결실에 용쓰느라 지친 갈 볕이 늑장을 부리듯 누워 있었고, 그것을 지켜보던 바람도 계절을 재촉하는 것을 잊었는지 초가지붕에 매달려 하품하고 있었다.

 문학 기행을 위해 두어 시간 남짓 소요되는 거리를 달려 도착한 우리는 도시락을 나눠 들고 '왜 조선의 마지막 주막이 되었을까?'하는 호기심을 품고 발자취를 더듬기 위해 들어갔다. 주막 입구에 세워져 있는 엽전 꾸러미 그리고 정겹게 버티고 있는 삼강 주막과 봇짐 실은 지게를 울러 맨 사람, 짐을 잔뜩 실은 소를 몰고 가는 사람 등을 보다 하니 그 시절 서민들의 고단한 삶 속에 있는 듯한 착각이 들었다.

아마 사극을 너무 즐겨본 영향이 아닌가 싶다.

봇짐 지고 행상 마치고 돌아가는 길에, 또 과거를 보러 가던 길에 하룻밤 유하기 위해 들렀을 삼강 주막은 따뜻한 쉼터이자 소통의 공간이 되었겠구나. 싶었다.

주모의 넉넉한 인심이 담긴 막걸리 한 잔과 국밥으로 발이 부르트도록 쫓아다녔지만 나아질 기미는 커녕 더 쪼그라드는 살림살이에 대한 걱정을 잠시만이라도 내려놓고 취할 수 있지 않았을까 짐작해 보다가 시 공간만 옮겨 왔을 뿐 힘겹게 느껴지는 삶은 지금도 이어지고 있고, 어쩌면 더 어려운 시대에서 살아가고 있는 것은 아닐까. 하는 생각이 들었다.

좁은 방에서 새우잠을 청하고 있는 상인들 모습을 상상하면서 주막 뒤켠으로 돌아가니 500년 된 회화나무가 주막의 사연들을 검푸른 이끼에 품고 침묵으로 서 있었다.

나무 옆 둔덕 위에는 황포 돛대와 나룻배 조형물이 포토 존 역할을 톡톡히 하고 있었고 나루터에 서서 내려다본 삼강에는 금천강, 낙동강, 내성천이 합쳐져서 낙동강으로 흘러가고 있었다.

하나의 강이 끝이 나고 함께의 강이 시작되는 곳에서 한 시대가 막을 내리는 과정을 오롯이 겪으며 조선의 마지막을 지켜보

앉을 주막을 떠올리다가 문득,

마지막 주막이라는 이름이 붙을 즈음 이곳을 지나던 물은 어디쯤 흐르고 있을까 궁금해졌다. 자기 모습으로 바다에까지 무사히 흘러가서 더 많은 물과 함께 깊어져 가고 있을까. 아니면 어느 음습한 웅덩이에 갇혀 썩고 있을까. 지천을 흔들어 대던 태풍이 강 밖으로 내쳐 버렸을까. 오뉴월 태양이 삼켜 버렸을까, 그도 아니면 바람을 유혹하는 구름이 되어 떠돌고 있을까. 수많은 생각이 물 위에서 결을 만드는가 싶더니 지금 우리 모습에 포개진다.

경험을 통해 내가 알게 된 것을 나만이 할 수 있는 언어로 다른 사람에게 알려주고 싶다는 소망으로 글을 쓰고 있는 말글반 선생님들 모습이 물이 흘러가는 모습과 닮았다는 생각이 들었기 때문이다.

그래서 잘 흘러가는지 수시로 강 밖으로 나와서 살펴봐야 하고, 글 쓰는 사람들에게 강 밖으로 나와서 살피는 행위가 문학 기행이라 생각한다.

글쓰기를 시작한 지 어느덧 6개월이 지나가고 있다. 이쯤에서 제대로 흘러가고 있는지 점검이 필요하다는 생각에 초심도 다질 겸 과거의 시간 속으로 여행을 떠나 보자는 의견을 모으고 삼강 주막에 오게 되었다.
 역사를 통해 미래를 예측해 보기 위함이라는 거창한 이유 속에 맛있다고 소문난 막걸리를 마시며 훗날 글감이 될 추억 한 소절 가슴에 담겠다는 욕심까지 품고서 말이다.

 저마다의 물로 흐르다 글쓰기라는 강을 만들고 인생의 책이라는 바다를 향해 흘러가고 있는 우리,
 '나도 책 좀 쓰고 싶어'라는 간절함으로 시작했지만 결코 쉽지않은 길이라는 것을 깨닫는 데는 그리 오랜 시간이 필요치 않았다.
 젊은 날 나름 글을 좀 썼다고 자신했었는데, 알맹이 없는 껍데기들과 외줄 타기를 해왔다는 사실이 낯을 뜨겁게 만들었다. 흉내 잘 내는 앵무새를 키우고 있었던 것이다.
 '왜'가 중요하다는 것을 10년 동안 귀 아프게 들어왔으면서도 제대로 이해하지 못하고 있었다는 것을 글을 쓰면서 깨닫게 되었다.

 '왜' 는 답을 찾게 하는 열쇠이다.
 원인이 덮고 있는 이유 속에 답이 있고, 이유를 찾기 위해서는 생각의 눈을 열어야 하는데, 생각의 눈을 열게 하는 것이

'왜'가 되기 때문이다.

원인은 같을 수 있지만 이유는 개인마다 다르기 때문에 자기만의 이유를 찾기 위해서는 '왜'라는 열쇠가 반드시 있어야 한다. 하지만 '왜' 속으로 들어가는 힘이 약하다 보니 원인에서 멈춰 버리는 경우가 대부분이다. 그로 인해 문제가 일어나게 되고 해결한다고 나선 것이 또 다른 문제를 만들게 되어 낭패를 보는 경우를 종종 보게 된다. 원인은 일어난 객관적 사실 자체이고 이유는 그 사실 속에 속속들이 담긴 자기만의 사연들이라는 것을 알아야 한다. 또한 원인은 보여지는 현상이라 한다면 이유는 보이지 않는 본질이라는 것도 알고 있어야 한다.

비가 오면 눈물이 날 때가 있다.
비가 오는데 왜 눈물이 날까?
비 때문일까, 비 오는 날의 추억 때문일까?
비는 원인이 되어지고 비 오는 날에 있었던 자기만의 추억들이 이유가 되겠지.
조선의 마지막 주막이었기 때문에 이곳이 역사가 되었을까?
지금의 우리가 존재할 수 있도록 했던 선조들의 삶을 기억하고 싶었기 때문이 아닐까. 따뜻한 국밥 한 그릇과 막걸리로 고단한 일상을 견뎌 냈을 서민들의 삶을 잊지 않기 위해서가 아닐까.

바다를 향해 제대로 흘러가기 위해서는 가끔 점검하는 시간을 가져야 한다.

'왜 글을 쓰려고 하는가, 왜 책을 쓰고 싶은가?'라는 질문을 자신에게 던져야 한다.

내가 글을 쓰고 싶은 이유는 둥지에서 배운 삶의 지혜를 기록으로 남겨서 필요로 하는 이들에게 조금이나마 도움을 주고자 하는 소망 때문이고, 그것이 삶이 나에게 짐 지워준 과제라는 생각을 했기 때문이다.

그리고 오늘처럼 역사 속에서 배울 수 있는 시간을 가져 보는 것도 좋을 것 같다.

과거를 이해하게 되면 어떻게 살아야 하는지 길이 보일 것이다.

"속도보다 방향이 중요하고 지속할 수 있어야 한다는 것, 사람을 중심에 두어야 한다는 것. 흘러가 버리면 다시 돌아오지 못하는 물과 같은 삶이기에 시간을 낭비하지 말고 지금 하고 싶은 일을 해야 한다는 것. 그리고 사람은 떠나도 기록은 남기 때문에 내 삶의 기록을 책에 담아 남겨야 한다는 것"을 삼강 주막을 보면서 깨닫게 되었다.

이러한 자세로 멈춤 없이 흘러가다 보면 조금 더딜 수는 있겠지만 언젠가는 우리들이 닿고 싶은 바다, 인생의 책을 만나게 되지 않을까?

며칠 후가 되면 함께 흘러갈 새로운 물이 우리들의 강으로 흘러온다.
물길을 잘 틔워 주면서 물어봐야지.
왜 글을 쓰려고 하는지.

삼강 주막 대청마루에 둘러앉아 시원한 막걸리로 여운을 달래고 일상으로 돌아간다.

왕년에, 정말 잘 나갔을까?

"내가 왕년에는 말이야 밖에만 나가면 여자들이 줄을 섰다구, 정말이라니까, 한 번만 만나 달라고 애원하는 여자도 얼마나 많았는데, 그때가 참 좋았지"

잔뜩 흥분해서 떠들다가 목이 타는지 막걸리 한잔을 단숨에 들이키고는 "아, 옛날이여!" 한다.

오늘도 B는 침을 튀겨가며 왕년에 잘 나갔던 얘기에 열을 올리고 있다. 오늘 주제는 연애사다.

'연애 드라마를 보다 나왔나!' 생각하는 M이 둥근 스텐 원판 탁자 맞은편에 앉아 접시에 담긴 안주를 젓가락으로 뒤적이며 B를 힐끗 쳐다본다. M의 표정으로 보아 자주 있는 일인 듯했다. 잘 나갔던 왕년의 자랑으로 시작했다가 지금의 처지에 대한 푸념으로 끝을 맺는 패턴이 예나 지금이나 한결같았으니 오죽하랴.

11월인데 벌써 과메기가 나온 걸 보니 냉동인가 보다 하면서도 서리맞은 노란색 배추에 곱창 김을 얹고 쌈장에 찍은 고추와 마늘, 쪽파, 미역 그리고 참기름을 발랐는지 윤기가 좌르르 흐르는 과메기를 초장에 듬뿍 찍어 올리고 쌈을 싼다. 그리고 막걸리 한사발 쭈욱 들이킨 입안으로 욱여넣고는 우걱우걱 개눈감추듯 씹어 삼킨다.

그렇게 몇 순배가 돌고 나니 찬 바람 맞고 쏘다니다 들어와 난로 앞에 앉은 얼굴처럼 벌겋게 닳아 올랐고, 그때부터 술안주는 왕년에 잘 나갔던 B의 레파토리가 차지한다.

귀에 딱지가 앉도록 들어왔던 얘기라 다음에 나올 얘기가 무엇인지 M은 짐작하고도 남는다는 표정을 지으며 눈은 B에게 고정시켜 놓고 다른 생각을 하고 있는 눈치다.

두 사람이 알게 된 건 5년 전쯤 모 사회단체에서다. 타향에 와서 간판업을 차린 B는 갖은 고생 끝에 터득한 사업 수완이 여러 단체에 가입해서 인맥을 넓히는 것이었다. 만만찮은 회비를 부담하면서까지 넓힌 인맥 덕분에 얼마 지나지 않아 안전 궤도에 정착하게 되었고, 그 인맥 중 한 사람이 M이다.

그렇게 30년을 운영하면서 자식 삼 남매를 키웠고, 재산을 쟁여 놓을 만큼의 부자는 아니었지만 주변 사람들에게 욕먹지 않을 만큼의 도리는 챙기며 살아온 것 같다.

하지만 몸을 써야 하는 업이다 보니 나이가 들어가면서 힘에 부치기 시작했고 여기저기 쑤셔대는 통증으로 잠을 설치는 밤이 늘어갔다.

그래서 좀 이른 듯 했지만 어차피 물려주기로 했던 큰아들에게 넘겨주고 그 후로는 도움 요청할 때만 가끔 나가고 있다. 일선에서 물러나고부터 남아도는 시간을 주체하지 못하는지 자주 만나자고 전화를 했고 일주일에 한두 번 정도는 술자리를 했던 것 같다. 현역에서 물러난 뒷방 신세라 그런지 큰 부담 없는 막걸리 집에서 만나자고 할 때가 대부분이었다. 물론 막걸리 애주가이기도 했고, 술 힘을 빌려 잘 나갔던 왕년 스토리를 늘어놓는 시간이 B에게는 유일한 낙이기도 했다.

하지만 M의 입장에서는 듣기 좋은 꽃노래도 자꾸 들으면 싫증이 나듯, B의 잘 나갔던 왕년 스토리가 M이 핑계를 대며 만남을 미루는 횟수를 늘어나게 하는 이유가 되어가고 있었다.

한 달에 두세 번이던 것이 한 번 정도로 줄더니 급기야 두 달 건너 한 번으로까지 줄어들었다. 오늘도 핑계를 댈까 하다가 오랜만에 막걸리도 땡기고 해서 나왔던 것이다.

그리고 이런 상황을 미리 예상하고 왔기 때문에 다른 날 보다는 덜 지겹게 느껴졌고 적절한 타이밍에 리액션까지 해주는 친절까지 베풀었다.

다른 날과 사뭇 다른 M의 반응에 더 신이 난 B는 기억의 곳간에 있는 왕년 스토리를 박박 긁어와서 장날 좌판 깔듯 늘어놓았다.

바로 그때, 마음을 고쳐먹고 들어서인지 건성으로 들었을 땐 한 번도 가져보지 않았던 '왕년에 정말 잘 나갔을까?' 하는 의문이 M의 뇌리를 자극했다.

처음 만났을 때 행색으로 봐서는 딱히 잘 나갔던 사람처럼 보이지 않았다는 생각이 들어서다. 하지만 술자리에서 빠지지 않고 등장했던 안주가 왕년인 걸 보면 그 시절에 부여하는 의미가 강렬한 것은 분명했다.

그래서 B가 왕년에 잘 나갔다고 하는 것이 무엇을 기준에 두고 하는 말인지 궁금해지기 시작했다.

잘 나갔다는 것은 남들이 알아줄 만큼의 돈, 직업, 명예, 인기 등이 갖춰진 삶을 누렸다는 뜻이 아닐까?

왕년에 잘 나갔다고 자랑하는 것은,

늙어가는 자신을 과거에서 위로받고 싶어서 일 수도 있고, 확인할 길 없는 과거를 이용해 지금 자신의 존재감을 올리고 싶은 마음 때문일 수도 있다.

지금까지 쌓아 온 자신의 행적이 부정당하면 어쩌나 하는 두려움에서 작동된 방어기제 때문일 수도 있고, 몸은 이곳에 있지만 마음은 과거에 머물러 있기 때문일 수도 있지 않을까 하는 생각을 해보았다.

어쨌든 그때의 삶이 지금까지 유지되지 않음으로 해서 느끼게 되는 결핍을 왕년에 잘 나갔다는 자랑으로 대신하고 있다는 생각이 들었다.

그래도 다행인 것은 그때에도 힘들고 고통스러운 일들은 분명 있었을 텐데 좋았던 일, 아름다웠던 추억들만 뽑아서 기억하고 있다는 것은 정신 건강에는 좋지 않을까 싶다. 물론 술이 깨기 전까지라는 유효 기간이 붙긴 하지만 말이다.

그렇게 한참을 왕년으로 거슬러 가다 보니 자다가 이불에 오줌을 싼 개구쟁이가 키를 머리에 쓰고 이웃집에 소금 얻으러

가는 풍습이 떠올랐다.

키는 곡식을 까불러 쭉정이나 검부러기 등을 날려 보낼 때 쓰이는 도구인데 오줌을 싸는 나쁜 버릇을 쭉정이처럼 날려 보낸다하여 키를 쓰고 소금을 얻으러 가게 했다고 한다.

어쨌든 그 대목에서 키가 떠올랐던 것은 왕년이라는 시간이 나쁜 기억들은 날려 보내고 좋은 기억만 남게 하는 키와 같다는 생각이 들었기 때문이다.

정리해 보면 왕년에 잘 나갔다고 자랑하는 것은 기억하고 싶은 것만 기억하고 싶은 대로 기억하고 싶어 하는 마음이 설정한 행복한 착각이라 해석 되었다.

다시 말해 잘 나갔다 라는 말이 잘 살았다는 의미는 아니라는 얘기다.

잘 나갔다는 것은 남들이 평가하는 타인의 관점이고, 잘 살았다는 것은 스스로 평가하는 자신의 관점이 아닐까.

잘 살아가는 모습이 정말 잘 나가는 모습이 아닐까 하는 생각에 이르자 지나간 자신의 왕년을 떠올려 보는 M이다.

어디에 무게를 싣고 살았는지를.

그러자 자신과 연결된 끈들이 거미줄처럼 서로 엉키더니 책임이라는 주머니 속으로 모아진다는 것을 알게 되었다.

 자신을 챙기기보다 주변을 챙기느라 바빴던 왕년의 날들이 영사기가 돌아가듯 뇌리를 스쳐간다.

 가장으로서, 맏이로서, 직원으로서, 친구로서 부여받은 역할이 책임이라는 주머니를 자신의 어깨에 매달아 놓고 있었다는 것을 알게 되었다.

 그래서 자주 숨이 가빴고, 자신이 꿈꾸는 세상이 있었는지조차 잊고 살았던 것일까? 거기에까지 촉이 닿자 갑자기 가슴이 쿵쾅거리기 시작했다.

 젊은 날 상상했던 미래의 그림이 다시 떠올랐기 때문이다.

 '좋아서 하는 일이 경제력까지 뒷받침되고 의미 실현으로 이어지는 삶' 바로 그것이다. 그것이 잘 살아가는 삶이라고 믿었다.

 그런데 나이가 차고 책임져야 할 가족이 생기면서 자신과는 먼 나라 얘기라는 것을 실감하게 되었다. 돈이 있어야 사랑하는 가족을 지킬 수 있다는 것을 애쓰지 않아도 세상이 친절하게 가르쳐주었기 때문이다.

 그렇게 세상의 기준에 맞추려고 달리다 보니 좋아하는 일이 무엇인지 그런 게 있기나 했던 것인지 점점 잊혀지게 되었다. 좋아하는 일을 하면서 경제력과 의미 실현까지 할 수 있는 사람은 몇 안 되는 선택 받은 사람이고, 평범하게 살아가는 자신에겐 사치스러운 일이라는 것을 일찌감치 깨달았던 것이다. 그리고 그렇게 사는 것이 맞다 생각하며 열심히 살아왔다.

그런데 오늘 B를 보면서 타인의 관점에서는 잘 나갔다고 평가받을 수 있겠지만 자신의 관점에서는 잘 살아온 삶이 아니었다는 것을 깨닫게 되었다. 갑자기 눈뿌리가 뻐근해져 왔다. 아들, 남편, 아빠, 동료는 있었지만 어디에도 진정으로 원하는 자신의 모습은 없었던 것이다.

그래서 지금부터라도 정말 잘 나가는 삶, 잘 사는 삶이 되도록 자기만의 그림을 다시 그리기로 마음을 먹었다.

그림을 다시 그린다는 것은 지금까지 살아온 삶을 바꾸겠다는 것이 아니다.

삶을 바라보는 관점을 바꾸겠다는 것이다. 하고 있는 일과 함께하는 사람들 그리고 주변 환경을 대하는 관점을 다시 바꾸겠다는 것이다.

예를 들어보면,

'왕년이란 말을 쓴다는 것은, 지금 내가 살아있다는 뜻이고, 그 시간을 지나 지금에 있을 때 왕년이라 칭할 수 있다. 오늘도 내일 내가 살아 있으면 왕년이 되고, 삶이 끝나기 전에는 모든 날이 왕년이 된다' 라는 관점으로 자신이 하고 있는 일을 바라본다면 애초에 그렸던 꿈,

좋아하는 일을 하면서 경제력까지 뒷받침되고 의미 실현으로 이어지는 삶을 이루지는 못한다 하더라도 자기가 하고 있는 일이 어떤 의미인지 생각하면서 일을 하게 됨으로 인해 일의 가치와 그 일을 하고 있는 자신의 가치를 느끼게 될 것이다.

가치를 느끼게 되면 소중함을 알게 되어 일은 물론 사람과의 관계, 일상을 대하는 태도 등, 삶 전체에 영향을 주게 될 것이다.

매일매일 정말 잘 나가는 왕년의 모습이 이런 모습이 아닐까?

그림을 그리느라 한참을 넋을 놓고 있는 M의 귀에
"12시에 마치니데이"
인심 좋아 보이는 주인아주머니가 손님들이 나간 식탁을 정리하며 툭 내뱉는 소리가 들려온다. 화들짝 정신을 차리고 보니 자정까지 30분을 남겨 놓고 있었다.

'언제 이만큼 흘렀지' 생각하며 B를 건너다보는데 왕년 스토리를 다 쏟아 내느라 용을 너무 썼는지 고개를 늘어뜨린 채 졸

고 있었다. 깨울까 하다가 잘 나갔던 왕년의 기분을 꿈에서라도 더 만끽하라고 그냥 두었다.

주전자에 남아있는 막걸리를 잔에 붓고 마치는 시간까지 버티기 위해 음미하듯 마시며 잠든 B를 지그시 건너다본다.

그러다 흠칫 놀란다.

오늘 아침 거울에 비친 자기 모습에서 느꼈던 비애가 고스란히 담겨 있었기 때문이다.

세월의 바람에 휘청이는 중년,

바로 그것이다.

검은콩 한 알

아침에 일어나려는데 온몸이 지끈지끈 세포가 반란을 일으키는 듯 쑤셔댄다.

어제 태어나서 처음 경험해 본 콩 타작이니 후유증이 있는 건 당연하다 생각하고는 아침밥을 하려고 밥솥에 쌀 한 컵과 검은콩 한 줌을 넣고 수돗물을 틀었다.

물에 잠긴 쌀을 손으로 박박 치대자 말갛던 물이 하얀 물감을 풀어 넣은 듯 뽀얗게 변했다. 밥솥 입구에 손을 받치고 뜨물을 걸러내는데 검은콩 하나가 또르르 딸려 나가더니 하수구 망으로 쏙 들어가 버린다. 속이 덜 영글어 떠내려갔겠거니 생각하며 그냥 버렸던 평소와는 달리 콩을 얼른 주워 다시 솥에 담았다.

어제 콩 타작 경험이 심어준 교훈이 강렬했기 때문이다.

두부, 된장, 청국장, 콩조림, 콩밥 등, 단백질 공급원으로서의 사명을 다하고 있는 콩 한 알이 어떤 과정을 거쳐 입으로 들어오는지 알게 되었기 때문이다.

"착! 착! 착! 착!"
11월 어느 휴일,
S 농장에는 방망이 두드리는 소리가 요란하다.
돌풍에 비가 온다던 날씨는 일하기 딱 좋은 기온을 S 농장에 선물한 듯 쾌청하기만 하다. 남자 세 명과 여자 두 명이 둘러앉아 미리 뽑아서 말려놓은 콩을 한 움큼씩 앞에 쌓아 두고 방망이를 두드리고 있다. 일명 콩 타작을 하는 중이다.

평일에는 회사 부장, 수요일 밤에는 VJ, 전기가 고장 나면 달려가는 기술자, 얼마 전에는 굴삭기 자격증까지 취득한, 변신의 귀재이자 낭만가이의 삶을 즐길 줄 아는 농장주가 블루베리도 모자라 콩 농사에까지 도전한 것이다.
몸 쓰는 데에는 소질이 없는 J 와 K 그리고 나는 올해 초여름 재미있을 만큼의 경험이 남겨준 블루베리 수확의 여운에 이끌려 천지도 모르고 콩 타작하겠다고 나선 거다. 울며 겨자 먹기로 꿀맛 같은 휴일 나들이도 반납하고 합류한 또 한 명의 여인은 농장주 아내이자 평일에는 마트 관리자. 금요일 밤에는 글 쓰는 작가 그리고 청소년 수련관에 스피치 출강 나가는 강사다.

자기 분야에서는 나름 고급 인력들이라 할 수 있지만 농사와는 멀어도 한참 멀어 보이는 사람들이 야심 찬 각오로 콩 타작에 돌입한 것이다.

방망이 하나 달랑 들고~ㅎㅎ

그런데 두세 시간이면 충분할 거라 장담했던 일이 점심으로 배달된 짜장면을 먹고, 오후 새참까지 먹고 나서도 끝날 기미가 보이지 않았다.

거기다 하우스 안에 이만큼 더 있다는 말에 재미있을 거란 기대가 오늘 안에 끝내지 못하면 어쩌나 하는 걱정이 되어 덜 말라 눅눅한 껍질이 콩을 에워싸고 있는 것처럼 마음을 에워쌌다. 그때부터 등짝이 쑤셔오고 방망이 움켜쥔 엄지와 검지 사이가 따끔거리기 시작했다. 성능 좋은 스피커에서 흘러나오는 7080 노래를 흥얼거리며 신나게 따라 부르던 목소리도 차츰 힘에 겨운지 잦아들고 콩 타작 품앗이 나온 농부들처럼 콩 두드리는 데에만 모든 신경을 집중시켰다.

그렇게 한참이 지나고 더디 갔으면 싶을 때는 유독 더 빨리 가는 게 시간이라는 것을 확인시켜 주기라도 하듯 마루 위 벽시계가 네 시를 알려 줄 때쯤, 오늘 하기로 했던 일의 분량이 마무리되는 듯했다.

신발을 벗어 털고 의자에서 일어나 욱신대는 허리와 무릎을 펴며 기지개를 켜고 있는데 바닥에 널부러진 콩깍지 더미가 눈에 들어왔다. 여기가 끝이 아니라는 증거다.

콩과 콩이 담겨 있던 콩깍지 그리고 가지를 분리해야 하는 작업이 남아 있었다.

창고에 있던 대형 선풍기를 꺼내와서 틀어 놓고 쓰레받기와 바가지로 한가득 씩 담아 선풍기 바람 앞에서 조심스럽게 흔들어 가며 바닥으로 쏟아부었다.

콩깍지는 바람에 날아가고 검은콩은 펴 놓은 돗자리 위로 우박처럼 떨어진다.

바람에 날아가는 콩깍지가 재미있어 보여 내가 팔을 걷고 달려들었다.

몇 번 반복하자 이것도 쉬운 일이 아니구나 싶었지만 멈출 수가 없었다.

나 말고 딱히 더 잘할 것 같은 사람이 없어 보여서다. 그래서 팔과 등이 아파오는 것을 꾸욱 참고 계속 했다. 거의 다 쏟아붓고 나니 제대로 마르지 않은 콩들이 껍질에서 탈출하지 못하고 검은콩 무더기 위를 덮고 있는 것이 눈에 들어왔다.

멀뚱이 서서 지켜보던 사람들이 서둘러 앉더니 콩 구출 작전에 돌입했다.

얼추 30분 정도 까고 또 까고 다시 바람으로 껍질을 걷어내고 나니 검은콩 무더기가 탐스럽게 동산을 이루었다.

'아, 콩이 이런 과정을 거쳐 나에게 왔구나!'

속으로 탄식하다가 숙연함마저 느끼고 있는 그때,

"앞으로 콩을 살 때는 절대 깎으면 안 되겠다. 이렇게 힘들 줄 몰랐다, 종일 힘들여 타작했는데 요만큼밖에 안되다니 농사짓는 분들의 고충이 짐작된다."

모두의 마음을 대변하듯 말하며 숨을 몰아쉬는 K 말에 모두 공감한다.

콩 무더기를 바가지로 대야에 퍼담으니 한가득 씩 두 대야나 된다.

그득한 대야를 보는데 다 키운 자식을 보는 것처럼 뿌듯하다.

내 손으로 직접 수확했다는 게 믿기지 않을 만큼.

농장주가 수고했다고 조금씩 담아가라고 비닐봉지를 들고나

오는 것을 완강하게 거절하며 의미 있는 곳에 쓰였으면 좋겠다고 입이라도 맞춘 듯 외쳤다.

그걸 받는 순간 오늘 애쓴 보람과 의미가 퇴색될까봐서이고 마지막 한 알까지 알뜰하게 챙기는 농장주의 애틋한 눈빛을 보았기 때문이다.

그 애틋한 눈빛은 검은콩 한 알이 단순히 콩이 아니라는 것을 말하고 있었다.

농장주에게 검은콩 한 알은 엄마의 청춘이 아니었을까.

자식을 키우기 위해 청춘이 다 가는 줄도 모르고 농사일에 바빴던 엄마의 젊은 날들이 담겨 있다 생각하지 않았을까.

몇 해 전까지만 해도 손수 심고 타작해서 자식들에게 먹이는 낙으로 사셨던 엄마의 콩밭이 건강 때문에 방치되는 것이 못내 아쉬웠을 것이다. 그래서 직접 콩 농사를 지어보기로 마음을 먹었고, 그것이 엄마의 청춘을 지켜주는 일이라 생각했을 것이다.

단 한 알의 콩이 되기까지의 과정이 생각했던 것보다 훨씬 더 어렵고 힘 드는 일이라는 것을 콩 타작을 통해서 알게 되면서 콩 한 알의 소중함을 더 뼈저리게 느끼지 않았을까 하는 생각이 들었다.

부모님과 이 세상 모든 농부의 삶에 대해 그리고 콩 한 알이 품고 있는 의미에 대해 깊이 생각해 보는 계기가 되었던 콩 타작이었고, 콩 한 알도 함부로 버려서는 안 된다는 교훈을 깊이 깨닫게 되었던 하루였다.

생각에 잠겨 있다 보니 어느새 밥이 다 되었다는 안내 소리가 들려온다.
밥솥 뚜껑을 열어보니 검은콩이 흰쌀밥 위에서 먹음직스럽게 윤기를 발산하고 있다.
한 숟갈 퍼서 입에 넣고 꼭꼭 씹어본다.
콩의 고소함이 입안에 가득 머물다 목으로 넘어간다.
몸의 근육들이 깨어나는 소리가 들리는 듯하다.

여행은 기다림이다.

지난 추석 가족 여행을 다녀왔다.
 딸이 추석 연휴에 하노이 가자고 하길래 일단 저지르라고 한 것이 실행으로 옮겨진 것이다. 나는 체질적으로 사람들 북적이는 곳을 싫어하고 특히 줄 서서 기다리는 것을 아주 불편해하는 성격이다. 내가 가고 싶을 때 가고, 먹고 싶을 때 먹고, 자고 싶을 때 잘 수 있는 편하고 자유로운 여행을 선호한다. 한마디로 사서 고생하는 모험을 즐기지 않는다. 그렇다 보니 해외여행 가고 싶다는 생각을 별로 해보지 않고 산 것 같다. 그런 나와는 다르게 딸은 여행을 아주 좋아한다. 사진을 보여주며 여행 다녀온 얘기를 하는 딸의 말을 자주 들어서인지 차츰 가보고 싶다는 생각이 들던 차에 힐링 여행이 되도록 일정을 짠다는 딸의 말에 못 이기는 척 추진해 보라고 했고, 그렇게 해서 떠나게 되었다.

우리가 가기로 한 곳은 베트남 하노이였고 예상했던 대로 북적임은 공항에서부터 시작되었다. 티켓팅을 하고 비행기에 오르기까지 절반의 시간을 기다림으로 채운 듯하다. 하지만 비행기에 탑승하자 기다림으로 지루했던 기억은 오간 데 없이 사라져 버리고 여행지에 대한 기대가 마음을 설레게 했다. 구름 위의 세상을 보며 탄식하고, 기내식을 먹고, 영화를 보다 하니 하노이 공항이라 했다. 그런데 하노이 공항에서는 상황이 달랐다. 공항에 내리자 끈적대는 무더위가 온몸을 휘감았고 화물칸에 실은 캐리어가 한 시간이 지나도 나타날 기미가 없었다. 화물칸 입구에 서서 삐질삐질 흘러내리는 땀을 닦으며 눈이 빠져라 캐리어가 나타나기를 기다리는데 슬슬 짜증이 올라오려 했다. 다행히 바로 그 찰나에 캐리어가 나왔고 얼른 챙겨 기다리는 택시에 올라탔다. 두 시간쯤 달려 숙소가 맞은편에 보이는 도로에까지 진입하자 갑자기 차가 멈추더니 한참을 움직이지 않는 것이다. '왜 이러지' 하고 밖을 내다봤더니 오토바이 부대가 매연을 토해내며 도로를 점령해 버린 것이다. 오토바이에 막혀 옴짝달싹 못 하고 있다는 것을 발견하고 '왜 신호를 안 지키는 거지' 하다가 알게 되었다. 신호등이 없다는 사실을. 한마디로 무법천지였던 것이다. 그때부터 불만이 터져 나왔다.

"신호등도 없는 도로에 저렇게 몰려들면 어쩌자는 거지. 사고 나는 거 아냐, 이런 데서 어떻게 살지, 난 하루도 못 살겠다." 등의 불평이 엉킨 오토바이 부대처럼 마음을 어지럽혔다.

그런데 바로 그때 투덜대며 바깥 풍경을 살피는 나의 시선을 잡는 장면이 있었다. 복잡한 무리에 갇혀 꼼짝하지 못하고 순서를 기다리는 한 오토바이 위에 앉아있는 아이의 해맑은 미소였다.

뒤에는 아빠인 듯한 남자가 아이의 말에 귀 기울이고 있는 듯했다. 습도와 무더위, 숨 막히게 하는 매연 속에서 길이 뚫리기를 기다리는 얼굴이 어떻게 저렇게 해맑을 수 있을까 싶었다. 덥다고 보채지도 않고 빨리 가려고 용쓰지도 않고 말이다. 그 광경을 보는데 갑자기 불평했던 나 자신이 부끄럽게 느껴졌다. '매연과 무더위, 소음 속에서도 저렇게 행복한 미소를 짓고 있는데, 환경이 다른 나라로 여행을 왔으면 불편함을 당연하게 받아들여야 하는데' 하는 생각이 들었기 때문이다.

처한 상황을 전혀 개의치 않고 즐거워하는 아이의 웃음이 지금, 여기에 있어야 한다는 의식을 일으켜 '여행은 기다림이다'라는 생각으로 전환 시켜 주었다. 마음을 다르게 먹는 순간 거짓말처럼 마음이 느긋하게 가라앉는 것을 느꼈다. 모든 것은 마음먹기 나름이라는 진리를 다시 또 확인했던 것이다. 그때부터 조급했던 마음이 호기심으로 바뀌면서 바깥 풍경이 눈에 들어오기 시작했다.

아빠 앞에 앉아서 아이스크림을 먹으며 행복해하는 아이, 남편 뒤에 앉아 갓난아기 보며 얼레는 엄마의 미소, 엄마 아빠 그리고 아이 둘 총 네 명이 한 오토바이를 타고 외식하러 가는 듯한 모습. 남자가 뒤에 앉은 여자의 허벅지를 쓰다듬는 모습까지. 그림은 다양했지만 표정은 하나같이 평온해 보이는 풍경이 너무 신기했다. 그리고 발견한 것이 무질서 속에 질서가 지켜지고 있다는 것이다. 신호가 없기 때문에 각자 알아서 조심하자는 약속이 암묵적으로 행해지고 있는 듯했다. 무분별하게 달리다가도 기다려야 할 때가 되면 느긋하게 기다려 주고 들어가야 할 때 들어가는 것 같았다.

그리고 또 놀란 것은 오토바이 타고 가는 사람들의 표정이다.

길이 막힌다고 다그치거나 불평하는 사람이 단 한 명도 보이지 않았다.

환경에 길들여진 탓일까. 더운 날씨가 신경을 느슨하게 만들었을까.

놀라움은 거기서 끝이 아니었다.

그날 밤부터 시작된 삼일간의 야시장에서 한도를 초과했다. 해가 저물자 오토바이로 인해 먼지가 풀풀 날리는 도롯가에 내어놓은 플라스틱 탁자를 사이에 두고 앉은뱅이 의자에 쪼그리고 앉아 음식과 술을 마시는 사람들을 보면서 기겁할 뻔했다. 부딪힐 듯 아슬하게 빠져나가는 오토바이가 먼지를 날리거나 말거나 전혀 개의치 않고 웃고, 떠들며 즐기고 있었다. 복잡하다고 화내는 사람도 없고, 음식이 늦게 나온다고 보채는 사람도 없었다. 갑자기 너무 멋있게 산다는 생각이 들면서 그 대열에 끼여 즐기고 싶어졌다.

'그래 몇 시간 매연 마신다고 죽기야 하겠어' 하는 배짱으로 말이다.

그래서 우리도 가장 손님이 많이 모여있는 식당 앞 테이블에 자리를 잡고 고기와 야채를 섞은 푸짐한 안주와 맥주를 시켜 한껏 즐겨보았다.

늘 그곳에 살고 있었던 사람들처럼.

엄마 취향을 고려해서 크루즈 투어, 고급 호텔, 시티투어, 롯데몰 쇼핑, 마사지까지 균형 있게 일정을 잡고 가이드하느라

몸살까지 났던 딸에게 고마움을 느꼈던 3박 5일간의 여행을 마치고 집으로 돌아왔을 때,

나의 뇌리에 오래 여운으로 남았던 장면은 고급진 호텔도, 크루즈도 아닌 여행을 기다림으로 전환시켜 준 오토바이를 타고 있던 아이의 해맑은 미소와 야시장의 풍경이었다. 마음을 어느 쪽으로 먹는가에 따라 여행도, 사람과의 관계도, 나아가 삶 전체가 달라질 수 있다는 사실을 낯선 문화를 통해 깨닫게 해준 경험이었기 때문이다.

'여행은 기다림이다'라고 했을 뿐인데 왜 여행의 질이 달라졌을까?

말에는 자신의 염원을 구체화해서 실현 시키는 힘이 있다고 한다.

말하는 순간 뇌 속에 흔적을 남기고, 반복해서 하게 되면 생각으로 굳어져 성격을 바꾸게 만든다고 한다. 우울감이 들 때에도 긍정의 말을 계속하게 되면 긍정적인 성격으로 바뀔 수 있다고 한다.

이처럼 '여행은 기다림이다'라고 선언하는 순간 '기다림이다'라는 말에 힘이 실리면서 그 말이 풍기는 '느긋함, 배려, 양보, 여유'등의 이미지가 쿠션을 연상하도록 만들었던 것이다.

쿠션은, 욕심을 내려놓게 하고 주어진 상황에 탄력적으로 대처하게 해주면서, 많은 곳을 가려고 애쓰기보다 여유롭게 하나를 보더라도 제대로 보고 느끼게 해주었다. 그리고 다음을 쫓는 예민함에 브레이크를 걸게하여 지금 있는 곳에 오롯이 집중하도록 만들어 주었다. 그로 인해 순간적으로 욱하는 감정의 소용돌이에 휘말려 정말 소중하고 원하는 것을 놓치는 우를 범하지 않게 해 주었던 것이다.

짧은 일정 안에 많은 곳을 가보고 싶어 서두르게 되는 조급함 때문에 즐거워야 할 여행이 짜증과 갈등으로 에너지 낭비되지 않게 해준 쿠션 덕분에 애초에 원했던 여행의 목적인 '영원히 추억할 수 있는 의미 있는 가족 여행'이 될 수 있었다.

3박 5일, 짧은 기간이지만 현지 문화를 온몸으로 느끼며 즐기는 밀도 높은 여행이 될 수 있었던 것이 '여행은 기다림이다'라는 관점의 전환에서 비롯되었다는 것을 다시 깨닫게 했던 하노이 여행이었다.

끝으로~
일정부터 가이드까지 알찬 추억 여행을 위해 꼼꼼하게 준비

하고 추진해 준 아름과 성욱에게 고맙다는 말을 전해본다. ✁

하노이 거리

다섯 번째 계절

"지금도 기억하고 있어요. 10월의 마지막 밤을.."

밴드와 톡 방에 이맘때면 반드시 올라와야만 할 것 같은 노래가 시월 마지막 날이 되자 어김없이 알람이 되어 작년 10월에 요동치고 잠이든 무모한 감성을 들쑤셔 댄다.

잊혀진 계절이라는 노래 덕분에 국경일보다 더 알뜰하게 챙기는 기념일이 되어버린 지 오래다. 물론 모든 세대가 다 그런 건 아니다. 흔히 말하는 7080세대들에게 해당되는 이야기다. 약속이나 한 듯이 마지막 날만 되면 멀쩡하던 사람이 실연당한 표정이 되어 노래에 심취하는가 하면 그것도 모자라 노래방에 가서 직접 노래를 부르며 감정이입에 빠져들곤 한다. 노래 가사처럼 사연이 있어서인지, 아니면 사연이 있고 싶어서인지, 그도 아니면 있는 척하는 것인지, 사연이 없어 속상한 것인지, 젊은 날 소설 속 비련의 주인공처럼 사랑에 **빠졌던** 매력적인 사람이었다고 스스로 믿고 싶은 것인지 아무튼 저마다 설정하고 싶은 추억이 있는 것은 분명한 듯하다. 잊혀진 계절이라면서 '지금도 기억하고 있어요'라는 역설적 표현과 '10월의 마지막 밤을'이라는 노랫말이 너무 애절해서 그런가 싶기도 하다.

  5개월 전부터 동참했던 유행처럼 번지고 있는 맨발 걷기가 이젠 애쓰지 않아도 발길을 숲으로 향하게 만들었다. 오늘도 흙의 기운을 느끼며 천천히 걷고 있는데 누군가의 유투브에서 잊혀진 계절 노래가 들려오기 시작한다.
  자동으로 시스템이 작동하듯 음악 소리에 맞춰 흥얼대고 있는데 갑자기, 잊혀진 계절이라 불리고 있는 10월이 떠나지 않았으면 좋겠다는 생각이 코스모스밭에 일렁이는 바람처럼 마음을 흔들기 시작했다.
  애절한 가사가 글을 쓸 때의 감성으로 돌아가게 하더니 10월의 풍경과 글 쓰는 과정이 닮았다는 생각이 들도록 했기 때문이다.

그것은 '완성'이다.

완성은 자기에게 주어진 역할에 책임을 다하고 다음을 위해 자리를 내어주는 모습 즉, 채움이 비움이 되는 순리의 과정을 의미한다.

아름다움이 절정에 오른 단풍은 다음에 돋아날 새싹의 거름으로 완성이 되고, 곳간을 채운 곡식은 씨앗이 뿌려질 빈 들녘으로 완성이 된다.

완성되는 과정을 온몸으로 증명해 주는 계절을 담고 있는 10월이, 화려한 유혹이 넘실대는 들녘을 탐내던 마음자리에 의미를 채우고, 세상으로부터 얻은 교훈을 다음 세대를 위해 지혜의 씨앗으로 남겨주는 것이 삶의 완성임을 스스로 깨우치게 하는 글쓰기와 닮았다는 생각을 하게 만들었던 것이다.

그래서 잊혀진 계절이라 불리는 10월을 다섯 번째 계절이라 이름 붙여 보았다.

어제도 내일도 아닌 오직 오늘만이 존재하는 계절, 세월이 비켜 가는 계절, 흐르지 않는 시간, 일 년 내내 가을이 머물러 있는 계절, 소중한 사람들의 가슴에 영원히 기억되는 계절이 다섯 번째 계절이고, 다섯 번째 계절이 담길 곳은 인생의 책이 된다.

인생의 책을 쓰고 싶다는 간절함을 품고 시작했던 글쓰기 반이 어느덧 3년이 되어간다. 언제 이만큼 되었지, 생각하다가 함께 글을 쓰고 있는 선생님들을 떠올려 보았다.

얼마 못 가 포기할 것 같았던 분, 글을 쓸 수 있으려나 처음부터 염려되었던 분, 시간과 체력이 따라주지 않을 것 같았던 분, 왠지 글쓰기가 어울리지 않아 보였던 분, 어쩌면 글쓰기 반 자체가 제대로 갈 수 있을지 확신이 없었다는 것이 솔직한 심정이었는지 모르겠다.

그런데 이게 웬일인가?
시간이 갈수록 생각지 못했던 모습으로 흘러가는 것이 아닌가?
책이라는 결과물을 만들어 내야 한다는 목적보다 글을 쓰는 환경 속에 머물러 있다는 사실에 뿌듯해하고 즐긴다는 것을 알게 되었다. 수업 횟수가 더해 가는 만큼 빠져드는 깊이 또한 비례하는 것 같았다. 글을 쓰고 공유하는 과정에서 영혼의 교감이 일어났던 것일까? 있는지조차 모르고 살았던 자기 안에 또 다른 자신을 발견했던 것일까?

한계에 부딪혔을 때 포기하지 못하게 붙잡았던 간절함이 글이 삶이 되고 삶이 글이 된다는 진리를 깨닫게 했던 것일까?

"나의 감정을 들여다볼 수 있게 하고 그것을 통해 배울 수 있게 해주는 것이 글쓰기인 것 같아요."라던 한 분의 말씀이 오래도록 귓전에 맴돈다.

글을 쓰면서 눈에 보이는 것들마다 물음표를 붙이려 하고 의미 부여 하려 하고 나의 언어로 재정의 내리려는 버릇이 생겼다는 것을 알게 되면서 글 쓰는 습관이 지금에 깨어있게 한다는 것을 알 수 있었다.

"깨어있는 삶"

이것이 다섯 번째 계절의 모습이고, 글쓰기를 포기하지 않도록 하는 강력한 동기가 아닌가 싶다.

어느 날 출근하다가 만난 회원 한 분과 점심 식사 자리에서 나누었던 대화가 생각난다. 결국 인생의 마지막 과업은 글쓰기이고, 기력이 떨어져 현역으로부터 물러나게 되어도 글쓰기만큼은 계속하게 될 것이라는 확신에 찬 내용이었다.

 다섯 번째 계절 속에서 영원히 깨어있고 싶은 사람들의 두 번째 공저 출간을 축하하며 그 계절을 함께 누릴 수 있음에 감사드린다. ✄

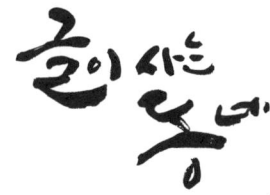

| **인쇄일** | 2024년 5월 27일 |
| **발행일** | 2024년 5월 31일 |

지은이	최수련 최금자 박은영 이종한 강영숙
	정선영 최수미 고동주 박성철 손민경
편집인	김대성
발행인	박성철
펴낸곳	도 솔
주 소	경북 경주시 용담로 104번길 10, 우주빌라상가 4층

값 16,500원
ISBN 979-11-979796-3-7

• 이 책에 실린 내용과 사진의 저작권은 지은이와 도서출판 도솔에 있습니다.
  양측의 동의없이는 무단 전재 및 복제를 금합니다.